Les Éditions du Boréal
4447, rue Saint-Denis
Montréal (Québec) H2J 2L2
www.editionsboreal.qc.ca

Aimer, enseigner

DU MÊME AUTEUR

Mort et naissance de Christophe Ulric, roman, Éditions La Presse, 1976 ; Leméac, coll. « Poche Québec », 1986.

Frayère, poèmes accompagnant des images de Lucie Lambert, Atelier Lucie Lambert, 1976.

L'Imaginaire et le Quotidien. Essai sur les romans de Bernanos, Lettres modernes, 1978.

L'Ombre et le Double, roman, Stanké, 1979 ; Boréal, coll. « Boréal compact », 1996.

Les Silences du corbeau, roman, Boréal, 1986 ; coll. « Boréal compact », 1998.

Le Bout cassé de tous les chemins, essai, Boréal, 1993.

Le Milieu du jour, roman, Boréal, 1995 ; coll. « Boréal compact », 2005.

Le Siècle de Jeanne, roman, Boréal, 2005 ; coll. « Boréal compact », 2010.

Personne n'est une île, essai, Boréal, coll. « Papiers collés », 2006.

Une idée simple, essai, Boréal, coll. « Papiers collés », 2010.

Yvon Rivard

Aimer, enseigner

COLLECTION LIBERTÉ GRANDE

Boréal

© Les Éditions du Boréal 2012
Dépôt légal : 4ᵉ trimestre 2012
Bibliothèque et Archives nationales du Québec

Diffusion au Canada : Dimedia
Diffusion et distribution en Europe : Volumen

Catalogage avant publication de Bibliothèque et Archives nationales du Québec
et Bibliothèque et Archives Canada

Rivard, Yvon, 1945-

    Aimer, enseigner

    (Collection Liberté grande)
    Comprend des réf. bibliogr.

    ISBN 978-2-7646-2204-9

    1. Enseignement universitaire. 2. Enseignement dans la littérature. 3. Relations enseignants-étudiants. I. Titre. II. Collection : Collection Liberté grande.

LB2331.R58   2012   378.1'25   C2012-941834-X

ISBN PAPIER 978-2-7646-2204-9
ISBN PDF 978-2-7646-3204-8
ISBN ePUB 978-2-7646-4204-7

*D'heure en heure, vous m'enseigniez com-
ment l'homme se rend éternel*

DANTE

1 Le choc de la beauté

Voilà, c'est fait : je suis à la retraite. Après plus de trente-cinq ans d'enseignement, me voici seul et libre de lire quand je veux, ce que je veux, sans crayon à la main pour souligner ou annoter ce qu'il faudra transmettre le lendemain à ceux qui attendent sans le savoir d'être tirés de la nuit par la beauté et la vérité d'une œuvre qui vient de me plonger dans une nuit encore plus grande dont je ne leur parlerai pas tout de suite, bien sûr, pour ne pas leur gâcher le plaisir d'être en train de faire une grande découverte. Demain, ils seront tout éblouis par ce passage de *La Mort de Virgile* ou du *Survenant*, éblouis jusqu'à en perdre la vue, portés par l'espoir de rattraper ce que l'œuvre leur a fait entrevoir en une fraction de seconde et ainsi de suite, cahin-caha, jusqu'à la fin de l'année, jusqu'à cette certitude, aussi vacillante que la flamme d'une chandelle, devant laquelle tous, aussi bien le professeur que les élèves, se quitteront, s'inclineront, à savoir que « nos découvertes se brisent mille fois avant de s'accomplir[1] ».

En fait, je me croyais à la retraite, mais comme le dit si bien un proverbe que m'a cité un jour une étudiante chinoise, « professeur un jour, professeur toujours ». Il y a quelques jours, je décide, en bon retraité que j'ai décidé d'être, de me faire plaisir et de lire au hasard une nouvelle de Katherine Mansfield, sans crayon ni intention d'en tirer autre chose qu'un surplus d'être, « une vie de surcroît[2] », ainsi qu'Anne Hébert définissait la poésie, le choc d'une joie ou d'une détresse qui m'arrache à la médiocrité quotidienne, me rap-

---

1. Virginia Woolf, *Les Vagues,* Paris, Stock, coll. « Folio », 1974, p. 172.

2. Anne Hébert, *Poèmes,* Paris, Seuil, 1960, p. 67.

9

pelle que le temps ne prend pas de retraite, qu'être humain, qu'être vivant, c'est survivre à chaque instant, accepter d'être quelque chose de fini qui tend vers l'infini. Le choc ne s'est pas fait attendre, comme toujours chez Mansfield, une phrase apparemment anodine, amusée, vous laisse seul, avec un personnage aussi démuni que vous, au seuil d'une vérité indéchiffrable, trop grande, transparente. Je relisais la phrase précédente, m'extasiais du saut encore réussi dans le mystère des vies ordinaires, quand tout à coup je me suis surpris en train de souligner mentalement ce passage, ce saut, pour l'expliquer à une classe d'élèves attentifs mais sceptiques, car le génie de Mansfield ou de Woolf est d'une subtilité et d'une simplicité auxquelles nous ne sommes plus préparés, que l'époque des théories blindées a rendues suspectes. J'ai continué ma lecture tant bien que mal, d'abord distrait par la question de savoir si je pourrais un jour cesser d'être professeur, puis par cette autre question que je ne m'étais jamais posée vraiment et à laquelle je venais de trouver la réponse : pourquoi étais-je devenu professeur ? Pour gagner ma vie en restant le plus près possible de ce que j'aimais le plus ? Cette réponse, qui jusqu'alors m'avait suffi, en fait, n'expliquait rien du tout, car j'aurais très bien pu faire un autre métier (lequel ?) qui m'aurait peut-être davantage rapproché de la littérature en lui accordant dans ma vie l'espace le plus secret, le plus silencieux, là où j'aurais pu recevoir et approfondir ce qu'elle me donnait, sans avoir à le traduire, à le partager avec d'autres. La réponse n'était pas non plus du côté de la vertu, on ne devient pas professeur parce qu'on est naturellement généreux, parce qu'on veut donner ce qu'on reçoit. Non, l'apparition de ma classe absente pendant ma lecture de jeune retraité m'indiquait plutôt le contraire : j'avais besoin de partager avec des élèves ce que je recevais de la littérature parce que je ne pouvais supporter seul une telle expérience.

Virginia Woolf dit que ce qui fait d'elle un écrivain, c'est « l'aptitude à recevoir des chocs », et « qu'un choc dans [son] cas est aussitôt suivi du désir de l'expliquer », c'est-à-dire de

« rendre réelle en la traduisant par des mots une chose au-delà des apparences[3] » qui vient de lui être révélée. On devient professeur, comme on devient écrivain, par l'aptitude à recevoir des chocs et l'incapacité de les supporter sans se les expliquer (traduire) par l'écriture ou l'enseignement. La différence, c'est que les chocs que reçoit l'écrivain n'ont pas encore été traduits (ou s'ils l'ont été, l'écrivain l'a oublié, car comme dit Blanchot « être "artiste", c'est ignorer qu'il y a déjà un art, ignorer qu'il y a déjà un monde[4] »), alors que les chocs du professeur sont tout de suite pris en charge par la traduction qu'en a donnée l'écrivain. Dans les deux cas, on pourrait dire qu'il y a trahison ou réduction de la chose révélée, la première fois par l'écriture, la seconde par le commentaire. Si le professeur est aussi écrivain, le danger c'est qu'il en vienne à écrire à partir de la première trahison (l'œuvre de quelqu'un d'autre), que l'expérience même du choc ne lui parvienne qu'à travers ce qui en a déjà été traduit ou même qu'à travers la traduction de cette traduction (le commentaire de l'œuvre). Si l'écrivain est un être faible, s'il est incapable de supporter sans l'écrire le choc qui est toujours l'expérience de l'être, que dire de la faiblesse du professeur, sinon qu'elle est encore plus grande et qu'elle devrait l'obliger à une plus grande humilité. Mais que serait le professeur ou l'écrivain sans cette faiblesse qui l'oblige à s'expliquer ce qui ne s'explique pas ? Des innocents à qui la grâce est donnée d'être en relation avec l'être sans en être terrassé, des sages qui ont appris à disparaître dans ce qui leur a été révélé, ou des lâches qui se détournent de ce qu'ils ne peuvent maîtriser ou le réduisent pour pouvoir en jouir.

Dans « Le Sussex au crépuscule », Virginia Woolf décrit très bien cette expérience du choc, ici le choc de la beauté qui

3.   Virginia Woolf, *Instants de vie,* Paris, Stock, coll. « Le livre de Poche — Biblio », 1986, p. 78.

4.   Maurice Blanchot, *L'Espace littéraire,* Paris, Gallimard, coll. « Idées », 1955, p. 254.

divise l'être et le fragmente en plusieurs moi. Elle en distingue quatre, qu'on peut néanmoins ramener à deux : un premier moi qui se trouve subitement élargi par ce qu'il voit et qui se « dégonfle » dès qu'il essaie de dire ce qu'il a vu et pressenti, et un autre moi qui renonce à ces « aspirations impossibles » d'exprimer ce que cache et révèle le crépuscule :

> On lève les yeux, on est subjugué par une beauté infiniment plus grandiose qu'on ne l'espérait […] nos perceptions se gonflent rapidement, comme des ballons remplis d'air, et puis, lorsque tout semble plein et tendu à souhait par tant de beauté, de beauté et encore de beauté, il y a un coup d'épingle et tout se dégonfle. Mais de quelle épingle s'agit-il ? Pour autant que je le sache, cette épingle avait quelque chose à voir avec notre propre impuissance. Cela me dépasse — Je n'ai pas de mots pour exprimer cela — Je suis subjugué — Je suis terrassé[5].

Le premier moi, malgré son impuissance, tient à « communiquer ce que l'on venait de voir dans le ciel du Sussex afin qu'une autre personne puisse en jouir ». Ce désir de communiquer procède autant du désir de ne pas être terrassé par la beauté que du désir de la partager avec quelqu'un, comme si la beauté prise dans le filet des mots et le regard d'autrui (« la beauté se répandait à droite et à gauche ; derrière nous aussi ; elle n'en finissait plus de fuir ») ne pouvait plus nous échapper. Ce qui a été vu, capté et revu dans le récit qu'on en fait ne pourra plus fuir, mais pour cela encore faudrait-il disposer d'autre chose « qu'un dé à coudre face à ce torrent capable de remplir des baignoires, des lacs ». C'est alors que le second moi intervient : « Mais renonçons, dis-je (on sait

5.   Virginia Woolf, « Le Sussex au crépuscule : réflexions lors d'une balade en automobile », dans *Une prose passionnée et autres essais,* traduction de Geneviève Letarte et Alison Strayer, Montréal, Boréal, coll. « Papiers collés », 2005, p. 80.

qu'en de telles circonstances le moi se divise en deux, l'un avide et insatisfait, l'autre austère et philosophe), renonçons à ces aspirations impossibles [...]. » Les deux moi se querellent ainsi sous le regard d'un troisième qui les trouve bien chanceux de ne pas avoir d'autre occupation, et d'un quatrième qui détourne l'attention de tous vers l'avenir, vers « la lumière qui émerge là-bas, au-dessus des collines, [qui] est suspendue à l'avenir[6] ». « Et puis le corps, qui s'était tu, a entamé son refrain, d'abord presque aussi bas que le bruissement des roues : "Des œufs et du bacon ; des toasts et du thé ; un bon feu et un bain [...] et puis au lit ; et puis au lit[7]." »

Est-il si sûr que le corps ait le dernier mot, qu'il ait le pouvoir de réconcilier les deux moi, celui qui « est subjugué par une beauté infiniment plus grandiose qu'on ne l'espérait » et celui qui veut « maîtriser tout ce qui fait impression sur nous » ? Est-il si sûr que le corps puisse tenir lieu de récit, être cette zone intermédiaire entre le fini et l'infini, ou qu'il puisse même mettre fin à la tension perpétuelle entre l'infini qui nous tire dans le ciel trop beau du Sussex et le fini qui nous ramène à notre lit pour le plaisir et le repos ? Est-ce que Woolf croyait vraiment qu'elle s'en tirerait avec « des œufs et du bacon », qu'elle pourrait aussi facilement prendre congé de ce qu'elle appelle « [sa] vie supérieure[8] », qu'elle pourrait vaincre son abattement « par le nettoyage de la cuisine », qu'elle échapperait « au puits de désespoir » en se prescrivant des loisirs et des tâches domestiques : « Sommeil et laisser-aller ; musarder, lire, faire de la cuisine, bicyclette, oh, et puis un bon livre bien dur, bien rocailleux comme, par exemple, Herbert Fisher, voilà l'ordonnance que je me prescris[9] » ? Non, car

---

6. *Ibid.*, p. 82.

7. *Ibid.*, p. 84.

8. Virginia Woolf, *Journal d'un écrivain,* Monaco, Éditions du Rocher, 1958, p. 586.

9. *Ibid.*, p. 584.

aucune occupation, aucun plaisir n'avait le pouvoir de la distraire de cette « chose réelle au-delà des apparences » qu'elle ne pouvait espérer pouvoir supporter, maîtriser qu'en écrivant. Voici ce qu'elle écrivait quelques jours avant sa mort : « Je tiens à saisir le meilleur du temps. Et ne sombrerai qu'avec tous mes étendards déployés [...]. Et maintenant, je m'aperçois, non sans plaisir, qu'il est sept heures, et que je dois préparer le dîner. Haddock et chair de saucisse. Il est vrai, je crois, que l'on acquiert une certaine maîtrise de la saucisse et du haddock en les couchant sur le papier[10]. »

Autrement dit, chacun son destin. Pour l'un, la cuisine ou le ménage, la lecture ou la bicyclette suffisent à l'insérer harmonieusement dans l'univers, pour l'autre ces mêmes activités appellent l'écriture, car elles conduisent aussi sûrement à l'étrangeté de l'être que la beauté du crépuscule au-dessus du Sussex. On pourrait ainsi s'étonner que quelqu'un qui est né à la campagne et a grandi en forêt, loin des livres et des arts, soit devenu écrivain et professeur, mais si on accepte la théorie des chocs de Virginia Woolf, il faut, au contraire, expliquer ceci par cela : c'est parce que j'ai été exposé très jeune à trop de beauté et de silence, comme d'autres aux chocs encore plus violents de l'horreur, du bruit et du sang, que par impuissance à contenir tout cela, cette expérience de la démesure, je me suis tourné vers les livres qui tout en m'en donnant une version simplifiée, apaisée, me rejetaient dans ce qui, me semblait-il, de cette expérience n'avait pas encore été saisi, avec le désir de la revivre plus intensément et d'en découvrir la vérité en l'écrivant à mon tour.

Et voilà le jeune écrivain désormais terrassé par deux infinis plutôt que par un : par la trop grande beauté des crépuscules et par celle des œuvres qui disent sa propre vie, son expérience des mêmes crépuscules, mieux qu'il ne pourrait jamais le faire, sans pour autant épuiser son désir de le faire, car une

---

10. *Ibid.*, p. 587.

voix lui murmure, qu'il reconnaîtra plus tard dans celle de Malte Laurids Brigge, une voix en lui se demande : « Est-il possible, pense-t-il, qu'on n'ait encore rien vu, reconnu et dit de vivant ? Est-il possible qu'on ait eu des millénaires pour observer, réfléchir et écrire, et qu'on ait laissé passer ces millénaires comme une récréation pendant laquelle on mange sa tartine et une pomme[11] ? » C'est alors que naît le professeur, que naît le désir de comprendre, de s'expliquer la beauté ou l'étrangeté non seulement de l'être, mais aussi celle de l'œuvre qui me les redonne et me les enlève en même temps, désir de dire « ce qui gonfle et dégonfle mes perceptions », tel le crépuscule là sous nos yeux au-dessus du Sussex et l'œuvre qui, dans son impossibilité à dire cela qui vient de se produire, par l'aveu même de son impuissance, fait surgir « une lumière dansante, qui était suspendue à l'avenir[12] », « le Sussex dans cinq cents ans[13] ». Un professeur, c'est quelqu'un à qui la lecture et l'écriture ne suffisent pas pour « dépecer le corps entier d'une baleine » (autre métaphore de Woolf pour décrire la tâche de dire la beauté du crépuscule du Sussex) et qui demande à d'autres, peut-être plus démunis que lui, de l'aider à supporter sa propre impuissance. Les moi de l'écrivain, ces quatre ou cinq moi avec lesquels Woolf dialogue et dont naissent ses livres, deviennent les élèves avec lesquels le professeur s'explique la beauté en commentant les œuvres qui la traduisent. Voilà sans doute pourquoi plusieurs pensent que les écrivains professeurs sont de moins bons écrivains, non seulement parce qu'ils ne consacrent pas tout leur temps à l'écriture mais parce qu'ils « diluent », en la partageant prématurément, l'expérience du choc. Mais il y a aussi un autre danger à enseigner, qui guette également l'écrivain enivré de

---

11. Rainer Maria Rilke, *Les Cahiers de Malte Laurids Brigge*, Paris, Émile-Paul Frères, 1947, p. 23-24.

12. Woolf, « Le Sussex au crépuscule », p. 83.

13. *Ibid.*, p. 82.

son art, et qui réside dans le pouvoir nécessaire que le professeur doit exercer pour bien faire son métier, danger de la maîtrise qui lui fait oublier son impuissance devant ce qui le dépasse.

Car avant d'avouer cela, cette impuissance — qui est l'essentiel de sa tâche, comme le rappelle Socrate à ses disciples, ignorance qu'il gardait pure en refusant d'écrire —, le professeur doit les amener au Sussex, leur donner l'occasion d'éprouver des chocs et les moyens de se les expliquer. En principe, le professeur est celui qui a vu le premier ou le mieux cette « chose réelle au-delà des apparences », ce « dessin derrière la ouate[14] », ce que le crépuscule au-dessus du Sussex et le texte qui en rend compte manifestent sans jamais le dévoiler. Le professeur, comme l'écrivain, qu'il le veuille ou non, est une sorte d'explorateur qui invite tout le monde à découvrir ou redécouvrir la totalité du réel, visible et invisible, à partir de tel ou tel objet (un texte, un atome, une grenouille, un être), par tel ou tel chemin (l'observation, l'analyse, l'imagination). Un professeur, quoi qu'il enseigne, est toujours quelqu'un qui apprend quelque chose à quelqu'un (d'où son pouvoir) et peu à peu s'efface pour que l'élève fasse par lui-même l'expérience d'une connaissance qui n'a pas de fin, car son objet, ultimement, est la vie elle-même, le mouvement infini de l'être dans lequel nous sommes engagés. Si le professeur n'enseigne rien, s'il n'a rien éprouvé ou s'il a choisi d'ignorer l'expérience des chocs, s'il ne sait rien ou ne veut pas enseigner, il manque à sa tâche première, mais s'il sait tout, s'il ne s'incline pas devant l'inconnu et l'ignorance qu'élargit son savoir, il commet une faute encore plus grave.

Je me souviens d'un après-midi à la plage où mon petit-fils, âgé de sept ou huit ans, à qui je viens d'apprendre à attraper un ballon, revient vers moi quelques minutes plus tard et me dit : « Apprends-moi quelque chose. » Je lui demande ce

---

14. Woolf, *Instants de vie,* p. 78.

qu'il veut apprendre, il ne le sait pas ; je suggère la natation puisqu'il ne sait pas encore nager, mais il n'en est pas question, il a trop peur. Le temps passe, il joue dans le sable, puis vient s'asseoir à côté de moi, sans un mot. Je lui demande à quoi il pense, il pense qu'il est bien là et se demande comment il pourrait faire pour que ça ne finisse pas, pour que « main-te-nant » ne finisse pas, dit-il en détachant chaque syllabe, comme pour mieux retenir l'instant. Je n'ai pas de réponse à cela, mais je lui dis qu'il est fort probable que demain et même l'année prochaine nous serons encore là, aussi bien que maintenant et que l'année précédente. Comme l'un des moi de Virginia Woolf, j'ai tout simplement « suspendu à l'avenir une lumière dansante » en faisant du présent la demeure mobile du passé et de l'avenir, et de l'instant ce qui main-te-nait l'être en mouvement. Cela l'a apaisé et nous avons pu continuer à jouer sur la plage.

Je pense que j'ai donné, cet après-midi-là, le meilleur cours de ma vie : j'ai appris à un enfant comment attraper un ballon et comment le relancer dans les airs, dans l'avenir. L'enfant a appris quelque chose, et attraper un ballon, ce n'est pas rien, c'est apprendre à voir quelque chose qui vient vers nous à une vitesse plus ou moins grande et être capable d'accueillir cette chose sans se blesser et sans l'échapper, erreur et blessure encore plus grandes, car alors c'est nous qui sommes rejetés dans l'espace, sans fonction et sans fin, seuls et en dehors du jeu. L'enfant a appris à saisir cette chose ronde et colorée (qui ressemble à s'y méprendre à une planète, à un instant) qui risque de le heurter s'il ne l'a pas vue venir ou l'a vue trop tard, et qu'il risque d'échapper s'il veut trop la retenir, si sa main ou sa poitrine n'accepte pas d'être légèrement déformée, arrondie, déportée par cela même qu'elle veut immobiliser. L'enfant a appris quelque chose et, fort de ce savoir, il a pu se mesurer à la question, au désir qui unit tous les êtres, à ce ballon invisible qu'ils s'échangent tous : comment faire pour arrêter le temps, l'attraper, le garder contre soi ? Comment faire pour qu'il n'y ait plus rien à l'extérieur de moi qui puisse me heurter ou m'ignorer, plus rien dans lequel je puisse m'égarer ou être projeté ? Comment faire en sorte que la vie puisse être un après-midi à la plage où la mer et le ciel se rencontrent et viennent mourir aux pieds d'un enfant et d'un adulte qui s'aiment ? La question de mon petit-fils, enracinée dans le bonheur et l'angoisse, est de savoir comment passer d'un moi à l'autre, d'un instant à l'autre, sans mourir. C'est la question de Virginia Woolf provoquée par le Sussex au crépuscule : « Il nous faut maintenant nous ressaisir et ne former qu'un seul moi[15]. »

C'est à cette question que se consacrent professeurs et écrivains puisque leur travail est toujours de créer (ou de saisir) une forme, c'est-à-dire de percevoir le plus intensément possible la tension entre des réalités contraires (passé/avenir, être/dire) et d'établir entre elles, comme entre deux joueurs, un lien nécessaire et harmonieux de sorte que les chocs successifs que provoquent les passages de l'une à l'autre deviennent le mouvement même de la pensée qui, en voulant « se ressaisir et ne former qu'un seul moi », travaille constamment à sa propre métamorphose. Et c'est ainsi que l'élève, une fois engagé dans ce mouvement par le professeur (lui-même engagé dans ce mouvement par l'œuvre étudiée et l'expérience de l'élève), pourra, si ce mouvement n'est pas nié ou interrompu par le maître lui-même, travailler à apprivoiser la mort. Steiner, dans son essai *Maîtres et Disciples,* dit que tout professeur qui répond à la soif de connaissance de l'élève est « le serviteur, le courrier de l'essentiel [...]. Fût-ce à un humble niveau, celui de maître d'école, enseigner, bien enseigner, c'est se rendre complice du possible transcendant[16] ». Tout bon professeur, à l'instar de Plotin, dit Steiner, « presse

---

15. Woolf, « Le Sussex au crépuscule », p. 82.

16. Georges Steiner, *Maîtres et Disciples,* Paris, Gallimard, coll. « NRF essais », 2003, p. 185.

l'âme de rentrer au bercail, de retourner à l'Un infini[17] ». Mais pour que cela soit, il ne faut pas que le professeur détourne vers lui-même et à son profit le désir de l'infini qu'il a éveillé ou nourri chez l'élève. S'il est vrai, comme le dit saint Augustin, que « nous parlons mais [que] c'est Dieu qui enseigne[18] », il ne faut pas que le messager se prenne pour un autre.

17. *Ibid.*, p. 48.

18. Cité par Steiner, *Maîtres et Disciples,* p. 51.

2 Se prendre pour un autre

Il y a deux façons de se prendre pour un autre. La première consiste à nier l'essentiel, l'infini, ou à le rabattre sur un objet fini qu'on maîtrise d'autant plus facilement qu'on l'a isolé de la totalité du réel : « Le mauvais enseignement est, presque littéralement, meurtrier ; métaphoriquement, c'est un péché contre l'Esprit-Saint. Il abaisse l'élève, réduit à l'état d'inane grisaille le sujet présenté. » Les mauvais enseignants sont « de plus ou moins aimables fossoyeurs. Ils travaillent à abaisser leurs étudiants à leur propre niveau de fatigue indifférente », « ils extirpent l'espoir à la racine[1] ». On trouve dans cette catégorie de meurtriers à la fois ceux qui se contentent de peu, de telle ou telle partie qu'ils prennent pour le tout (pensons à la complexité vivante des œuvres littéraires passées à toutes les moulinettes qui visent à cérer une science de l'écriture), et ceux qui refusent carrément d'enseigner, enfermés dans un savoir tellement pointu qu'aucun disciple ne saurait le recevoir (pensons à tous ces brillants monologues théoriques, écrits ou professés, dans un jargon destiné à maintenir les privilèges des seuls initiés). Un « bon » professeur aujourd'hui, c'est quelqu'un qui est dispensé d'enseigner parce qu'il a obtenu tellement de subventions qu'il doit se consacrer à la recherche de ce qu'il a déjà trouvé et exposé, budget et bibliographie à l'appui, dans son projet soumis à des chercheurs qu'il a lui-même évalués dans un concours précédent. Il y aurait beaucoup à dire sur le gaspillage éhonté de l'intelligence et des fonds publics dans les universités alors que les

---

1. Steiner, *Maîtres et Disciples,* p. 27.

professeurs du collégial (sans parler de ceux du secondaire et du primaire) travaillent deux fois plus pour deux fois moins à la véritable formation des esprits, car il faut bien reconnaître que l'université ne prête qu'aux riches, ne développe que des esprits déjà formés, c'est-à-dire les déforme le plus souvent en les spécialisant. Autrement dit, la première façon de détruire l'élève, c'est de lui enseigner qu'au fond il n'y a rien à apprendre au-delà de ce que le professeur enseigne (savoir réduit à la partie, à ce qui dans l'œuvre est mesurable, quantifiable, coupé de l'infini), ce qui dispense le professeur de continuer à apprendre, ou de lui faire miroiter une connaissance dont on prend bien soin de l'exclure pour asseoir son propre pouvoir. Bref, ignorer l'existence, le mystère du crépuscule au-dessus du Sussex ou refuser d'y amener l'élève, revient à peu près au même : dans un cas comme dans l'autre, l'élève reste pris soit dans le pouvoir du peu qu'il a reçu, érigé par le professeur en un savoir objectif, indépassable (« pensée impartiale, cultivée, objective, sérieuse [qui] n'invente guère : elle décrit ; elle ne forme pas : elle récite[2] »), qu'il va d'autant plus idolâtrer qu'il en a été exclu, soit dans les « apparences » qu'aucune « chose réelle au-delà » ne vient éclairer. Les universités sont remplies de professeurs qui ignorent que la connaissance du réel passe toujours par l'expérience ou l'hypothèse du rêve, « du rêve qui ouvre sur le réel », comme dit Broch : « Si l'homme ne possédait pas le rêve ouvert sur le réel, il se tiendrait "sans langage", comme l'animal, en présence des phénomènes du réel, mais comme il possède ce rêve et, avec lui, le domaine symbolique, celui-ci est lui-même devenu une seconde réalité[3]. »

Les universités, qui se rapprochent dangereusement de la

2. Denis de Rougemont, *Penser avec les mains,* Paris, Gallimard, coll. « Idées », 1972, p. 163.

3. Herman Broch, *Création littéraire et connaissance,* Paris, Gallimard, coll. « Tel », 1966, p. 142-143.

pensée qui régit la réalité socioéconomique, sont remplies de petits fonctionnaires savants qui ignorent ou méprisent l'essentiel ou les élèves, ou les deux. Pas étonnant que plusieurs d'entre eux méprisent ou craignent Steiner qui a ainsi défini leur monde : « Nous vivons une heure brillamment abstraite, rhétoricienne là même où elle déconstruit la rhétorique, heure d'épilogue, de postface, s'il faut entendre par là très exactement que la face est celle, aujourd'hui rejetée comme fictive ou détournée, de Dieu vers laquelle tendaient, dans une tension incommensurable, le signe, la forme, le mouvement musical[4]. » Pas étonnant que le « testament » de Bakhtine soit si peu cité par ses admirateurs. Quelques mois avant sa mort, en 1975, Bakhtine confiait à l'un de ses disciples « que tout ce qui a été fait ces cinquante dernières années sur ce sol déshérité, sous ce ciel privé de liberté, tout est d'une manière ou d'une autre vicié », y compris son propre ouvrage sur Dostoïevski, dans lequel il se reproche d'avoir « séparé la forme de l'essentiel », de n'avoir fait que de la critique littéraire, d'être resté « dans le cercle immanent de la critique, or il doit y avoir une sortie vers les autres mondes », de ne pas avoir pu « parler directement des choses essentielles, des questions philosophiques, de ce qui a tourmenté Dostoïevski toute sa vie, de l'existence de Dieu. […] À peine ma pensée démarrait-elle qu'il fallait l'arrêter[5] ».

Mais il existe une autre forme d'enseignement meurtrier, une autre façon d'« arrêter la pensée », pratiquée cette fois non par des mauvais professeurs fatigués, savants ou cyniques, mais surtout par de bons professeurs, par des professeurs conscients du choc dont naissent les œuvres et du désir qui anime les élèves : « Le véritable enseignement peut être une

---

4. Georges Steiner, *Réelles présences*, Paris, Gallimard, coll. « Folio essais », 1991, p. 16.

5. Serguéï Georgievich Botcharov, « À propos d'une conversation et autour d'elle », dans *L'Héritage de Bakhtine,* Bordeaux, Presses universitaires de Bordeaux, 1997, p. 180.

entreprise terriblement dangereuse. Le maître vivant prend entre ses mains le plus intime de ses élèves, la matière fragile et incendiaire de leurs possibilités. Il pose ses mains sur ce que nous tenons pour l'âme et les racines de l'être, une prise dont la séduction érotique, si métaphorique soit-elle, est la version la moins importante[6]. » Le véritable maître n'enseigne ulti-mement qu'une chose, ne répond qu'à un seul désir dont pro-cèdent tous les autres, désir de l'âme, désir d'être éternel, c'est-à-dire de vivre éternellement d'heure en heure. Citant les vers célèbres dans lesquels le pèlerin de Dante reconnaît ce qu'il doit à son maître (« D'heure en heure / Vous m'enseigniez comment l'homme se rend éternel »), Steiner écrit que « le grand enseignement éternise l'individu [...]. Heureux le dis-ciple dont le maître a su donner un sens à la mortalité[7] ». Il n'est pas nécessaire d'avoir lu Platon, Freud, Bataille ou leurs épigones pour comprendre la charge émotive, érotique d'une telle relation dont l'enjeu n'est pas tel ou tel savoir mais bien une question de vie et de mort. L'élève, quel que soit son âge, qu'il en soit conscient ou non, demande toujours au maître comment ne pas mourir, comment attraper et relancer un ballon, comment ne pas être avalé par l'immensité du réel déployé par son désir de connaissance. Plus le professeur éveille ce désir, plus il s'expose à être pris et à se prendre pour Dieu : « Éros et enseignement sont inextricables. C'est vrai avant Platon et après Heidegger. Les modulations du désir spirituel et sexuel, de la domination et de la soumission, l'in-teraction de la jalousie et de la foi, sont d'une complication, d'une délicatesse qui défie l'analyse exacte [...][8]. » L'analyse exacte est peut-être difficile, mais est-elle nécessaire pour comprendre que « l'éros de l'intelligence, plus farouche qu'aucun autre, peut se fondre en concupiscence, [qu'] il peut

---

6. Steiner, *Maîtres et Disciples,* p. 107.

7. *Ibid.,* p. 61.

8. *Ibid.,* p. 144.

donner le déclic d'une exploitation sadique, tant mentale que physique[9] » ?

Il faudrait peut-être penser rattacher la dégradation de l'enseignement au phénomène des professeurs qui abusent sexuellement de leurs élèves, que Steiner identifie comme l'une des « deux pathologies qui ont érodé la confiance entre maîtres et disciples, entre enseignants et enseignés[10] », l'autre étant « la banalisation des programmes, des examens, des nominations ». D'ailleurs, est-ce que les deux pathologies ne sont pas reliées ? S'il est vrai que le professeur est « le courrier de l'essentiel », « le complice du possible transcendant », on peut se demander s'il atteint cette fin en couchant avec ses élèves, ou couche avec ses élèves pour la nier. Dans *Le Déclin de l'empire américain* et *Les Invasions barbares,* Denys Arcand peint quelques professeurs, brillants et médiocres, entièrement consacrés à la recherche subventionnée de plaisirs. On devine qu'ils ont fait intellectuellement juste ce qu'il fallait (petites thèses, petits articles, petits colloques, petits livres) pour avoir leur permanence et jouir de tous les privilèges rattachés à leur fonction dont celui d'avoir à leur disposition, à chaque rentrée, un nouvel arrivage de chairs fraîches qui ne leur coûtent rien. Au seuil de la mort, dans l'un de ces rares moments qui échappent à la comédie que tous continuent de se jouer même à ce moment, Rémi constate qu'il n'aura jamais fait l'œuvre dont il rêvait et que si les étudiants d'aujourd'hui ne savent rien, c'est « qu'on ne leur a rien appris ». Pourquoi Rémi a-t-il failli à sa double tâche de travailler à réaliser son rêve (marcher dans les traces de Braudel) et à éveiller de tels rêves chez ses étudiants ? Nous qui l'avons vu vivre et raconter sa vie (essentiellement constituée d'exploits sexuels avec ses collègues), nous connaissons la réponse, mais n'osons la formuler, car elle nous renvoie à une culture qui est bien la nôtre,

---

9. *Ibid.,* p. 105.
10. *Ibid.,* p. 144.

culture du plaisir, culture du moindre désir, c'est-à-dire culture de désirs aussitôt satisfaits qui n'ont pas atteint la maturité de ces rêves qui « ouvrent sur le réel » : Rémi n'a pu éveiller chez ses étudiants un tel désir de connaissance et de beauté qui forme le moi en l'élargissant, en l'éternisant, parce qu'il a lui-même renoncé à un tel désir de ne pas mourir qu'il a troqué contre le plaisir des petites morts. Cette culture serait, selon Broch, celle de la modernité, culture de « l'homme inachevé, de l'homme enfantin et non héroïque auquel il n'est plus donné de système de valeurs dominant[11] » qui lui permette de devenir adulte.

Quelles valeurs nous font passer de l'enfance ou l'adolescence à l'âge adulte, comment faire en sorte que notre désir d'affirmation ne débouche pas sur un narcissisme suicidaire, ne nous enferme pas dans un moi dont seuls l'orgasme et la mort pourraient nous délivrer ? La réponse de Broch est cette idée simple que c'est « en se mettant au service du prochain » qu'on peut « acquérir sa propre condition humaine, son ombre, ses enfants », que pour cela « une disponibilité suprême au sacrifice, à la mort, au renoncement est nécessaire[12] ». Mais comment remplir ce « devoir terrestre, devoir de secourir, devoir d'éveiller[13] » sans verser dans un narcissisme encore plus grand, plus despotique, danger de vouloir former l'autre à son image, qui guette peut-être encore plus les professeurs que les parents ? En s'identifiant non à ses enfants, à ses élèves, mais à l'être, à cette « chose réelle au-delà des apparences » que le Sussex au crépuscule manifeste sans la dévoiler :

Être adulte, c'est le stade où l'homme a reçu le don de pouvoir identifier complètement son moi avec le non-moi (qui lui est

---

11. Broch, *Création littéraire et connaissance,* p. 173.

12. *Ibid.,* p. 172.

13. Herman Broch, *La Mort de Virgile,* Paris, Gallimard, 1955, p. 125.

opposé sous forme de monde extérieur), le stade où il a reçu le présent divin de l'harmonie entre la chose, le concept et le mot, bref où il a reçu une fois pour toutes, et sans qu'il puisse le perdre, le fondement de toute intuition du monde, de toute connaissance et de tout langage[14].

Autrement dit, être adulte, c'est être capable d'amour, capable de répondre au désir spirituel caché dans le désir sexuel, en renonçant au plaisir de la possession ou de la fusion pour que grandisse en nous et entre nous la distance qui nous sauve et nous effraie, en vertu de cette loi paradoxale énoncée par Hölderlin : « Là où est le danger grandit le salut. » Le danger n'est pas dans la transgression bourgeoise de coucher avec ses élèves, mais plutôt dans le fait de renoncer à l'objet aimé :

> N'est-il pas temps, pour nous qui aimons, de nous libérer de
> l'objet aimé, vainqueurs frémissants :
> comme le trait vainc la corde pour être, concentré dans le bond,
> plus que lui-même ? Car nulle part il n'est d'arrêt[15].

Être adulte, c'est ne plus céder à la peur de mourir, voir dans le monde autre chose qu'un ennemi, renoncer à son propre salut pour que l'autre se sauve, de sorte que l'autre ainsi aimé devienne aimable, devienne le monde, le non-moi auquel je puisse enfin m'identifier sans m'y fondre. Ce n'est donc pas la peur du sexe, le refoulement ou une morale répressive qui interdit à l'adulte de coucher avec l'enfant ou l'élève (faut-il rappeler que tout élève, quel que soit son âge, est toujours un enfant dans la mesure où il demande au professeur de l'aider à s'enfanter lui-même, c'est-à-dire à se diviser en plusieurs moi qu'il travaillera à unifier), c'est une sorte

---

14. Broch, *Création littéraire et connaissance,* p. 155-156.

15. Rainer Maria Rilke, *Les Élégies de Duino,* traduction de J. F. Angelloz, Paris, Aubier Montaigne, coll. « Bilingue », 1943, p. 41.

de loi inscrite dans le mouvement même de la vie en vertu de laquelle les formes s'engendrent les unes les autres, la forme la plus ancienne, la plus achevée s'effaçant toujours au profit de celle qui naît, portée par l'espoir d'être dépassée et sauvée par celle-ci puisque l'œuvre commune, la fin visée, c'est d'abolir la mort, de créer des formes qui, en se métamorphosant, surmontent l'abîme de la mort, métamorphosent la mort. Que la mort soit plus ou moins évacuée dans *Les Invasions barbares,* tenue à distance par les médicaments et une sorte de bavardage qui tient lieu d'émotion ou l'éloigne, est tout à fait cohérent avec le fait que Rémi n'a été ni un maître, ni un disciple, ni un père, ni un mari, car toutes ces tâches (enseigner, apprendre, aimer) ne peuvent s'accomplir sans ce saut héroïque dans le non-moi par lequel on devient un adulte, quelqu'un qui, regardant la mort en face, se met au service d'autrui, « car seule l'action secourable, l'action au service d'autrui, l'action qui confère un nom et remplit la forme vide du destin est plus forte que le destin[16] ». C'est ce saut que fait Vassili Andréitch en se couchant sur Nikita pour le réchauffer, c'est lorsque le maître meurt pour que le serviteur vive qu'il conquiert son humanité en triomphant de la mort :

> Il comprend que c'est la mort et cela non plus ne l'afflige pas du tout. Et il se souvient que Nikita est couché sous lui et qu'il s'est réchauffé, qu'il est vivant, et il lui semble qu'il est Nikita et que Nikita est lui, et que sa vie n'est pas en lui mais en Nikita. Il prête l'oreille et entend la respiration et même le ronflement léger de Nikita. « Nikita est vivant, donc je suis vivant aussi », se dit-il triomphalement[17].

---

16. Broch, *La Mort de Virgile,* p. 201.

17. Léon Tolstoï, *Maître et Serviteur,* Paris, Gallimard, coll. « Folio classique », 1997, p. 236.

On peut penser que Rémi (et ses amis qui nous ressemblent comme des frères), qui a vécu éloigné de cette vérité, l'entrevoit un instant avant de mourir lorsqu'il reçoit de sa femme et de son fils l'amour qu'il ne leur a pas donné et qu'à cet instant, comme le dit l'Évangile, il est sauvé, que l'amour l'élargit suffisamment pour ne pas qu'il se « perde » dans l'immensité. L'enfer, si cela existe, c'est d'être jeté brutalement dans quelque chose de trop beau, de trop grand qu'on n'a pas su apprivoiser, cultiver, dont on a cru se protéger en s'en détournant.

3 Le refus d'enseigner

Pour Rémi, qui apparemment ne couche pas avec ses élèves, comme pour tous les professeurs de désir, dont le héros de Philip Roth dans *La Bête qui meurt,* enseigner est le prix à payer pour participer à la libération sexuelle de son époque : « C'est vrai que je suis curieux d'elle, mais c'est parce que j'ai envie de la baiser. Je me passerais de cet intérêt pour Kafka et Vélasquez. Tout en parlant avec elle, je me dis : ce qu'il faut faire, tout de même ! Il va falloir tenir combien de temps ? Trois heures ? Quatre[1] ? » Trois ou quatre heures, c'est la durée du supplice pédagogique quand l'élève est déjà dans l'anti-chambre du maître, mais le même supplice a commencé trois ou six mois plus tôt, au début du cours sur Kafka ou Vélasquez, car le professeur de Roth, David Kepesh, contrairement à celui de Coetzee dans *Disgrâce,* attend la fin du cours pour croquer sa proie et ainsi s'éviter tout châtiment. Évidemment, le héros situe et justifie ses exploits à l'intérieur de la grande révolution sexuelle des années soixante, « foutoir intégral, puéril, sau-grenu, incontrôlé, une bagarre générale, homérique » (63), révolution soutenue par les lieux communs d'une certaine modernité : « L'érotisme est un droit » (61), « Le sexe est une revanche sur la mort » (68), « La virilité émancipée [qui] attend encore son porte-parole dans la société » (101). Cette révolu-tion consiste à pouvoir vivre sans attachement, à se libérer de cette « dépendance féminine à laquelle il (son fils) est incapable de résister » (79), à défier l'hypocrisie de l'Amérique qui veut

---

1. Philip Roth, *La Bête qui meurt,* Paris, Gallimard, 2004, p. 25. Désormais, dans ce chapitre, tous les renvois à ce livre se feront entre parenthèses dans le corps du texte.

« sauver les jeunes du sexe » (60), etc. Notre héros, qui est maintenant dans la soixantaine, reconnaît, sur le tard, les limites de cette révolution, de cette « farce infantile » (63), car « la baise elle-même n'arrive pas à rester pure, stérile » (95), même entre les bêtes :« Mais si on en parlait avec eux, on découvrirait sans doute que chez les chiens eux-mêmes, il y a, sous leur forme canine, les déviances pathologiques du manque, de l'adoration, de la possessivité, voire de l'amour. » (96) Ces chiens, on le verra dans *Disgrâce,* joueront un rôle capital dans l'éducation sentimentale tardive de cet autre « professeur de désir » qu'est David Lurie.

Voilà, le mot est lâché. Le fondement de cette culture, dont la révolution sexuelle a été l'expression la plus « héroïque », c'est que l'amour est une pathologie : « Moi je pense qu'on a une intégrité de départ et que c'est l'amour qui cause la fracture. On est tout d'une pièce, et puis il nous lézarde. Cette fille est un corps étranger dans ton intégrité. » (91) Ainsi ce serait la femme, objet d'amour, qui en « lézardant » l'homme lui donnerait la mort. Le désir amoureux, ici, n'est pas ce qui nous délivre de la mort en élargissant le moi, en faisant circuler librement la vie entre le moi et le non-moi, mais ce qui détruit le moi en l'exposant au non-moi, à une vie trop forte que la libération sexuelle avait précisément pour but de repousser, de refouler. Ce que le héros de Roth reconnaît, c'est la faillite de son rêve de liberté, conçu non comme l'expérience la plus vaste possible de l'être mais comme repli à l'intérieur du moi : « Quelle farce, cette petite cubaine qui envoie au tapis un type comme toi, un professeur de désir ! » (91) Le saut entre le désir et l'amour serait de consentir à perdre son « intégrité », à s'ouvrir (se lézarder) à ce qui lui apparaît étranger, à se laisser dévaster par le dehors immense, infini, « petite cubaine » au corps parfait ou « crépuscule au-dessus du Sussex », jusqu'à y reconnaître sa part la plus intime, celle qui ne défend aucun territoire, qui ne tient à rien d'autre qu'à ce désir qui éternise la vie.

On peut penser que chaque fois qu'une œuvre — celle de

Kafka ou de Vélasquez — ou que la beauté d'une étudiante, lézarde David Kepesh, le jette en dehors de ce qu'il croit être, menace son autonomie, il s'empresse de détourner cet infini sur le fini, de réduire la beauté de la petite cubaine à son corps, son corps à ses seins dont même Beethoven, Hayden ou Schubert n'arrivent pas à le distraire : « Je jouais du Beethoven et je me masturbais […] en pensant à elle. » (93) Que la petite cubaine, dont il déniait l'intérêt pour Kafka et Vélasquez, soit ainsi associée à Beethoven, voilà qui pourrait sauver le héros, lui permettre de se « ressaisir et ne former qu'un seul moi », comme disait Woolf aux prises avec ses multiples moi nés du choc de la beauté. Mais pour atteindre cette nouvelle intégrité, encore faudrait-il qu'il supporte un peu plus longtemps un tel choc, qu'il écoute vraiment Beethoven ou pense vraiment à son étudiante plutôt que de se masturber, plutôt que d'interrompre le désir, éveillé par l'une et par l'autre, juste avant que ce désir ne le dépose au seuil d'une mort plus grande et lui dévoile son véritable objet, lointain, insaisissable : « Ce besoin, cette maladie mentale. Est-ce que ça s'arrête un jour ? Au bout du compte, je ne sais même plus ce qui me manque aussi désespérément. Ses seins ? Son âme ? Sa jeunesse ? Sa simplicité d'esprit ? C'est peut-être même pire que ça, peut-être qu'à l'approche de la mort, je nourris en outre le désir secret de ne plus être libre. » (96) Se libérer du désir d'être libre, c'est cela que Vadeboncoeur appelle « la liberté retrouvée », une liberté qui trouve sa perfection dans l'obéissance, qui « puisse se dissoudre en quelque chose qui soit son accomplissement paradoxal » :

> Libre, elle ne se soucierait plus d'être libre. Elle n'aurait plus rien à fuir. Elle aurait changé d'ordre et ce ne serait plus celui du refus. Elle serait enfin passée sur l'autre versant, là où la liberté est en accord. Car enfin, elle n'a d'autre espoir que d'aller se perdre en ce qui est[2].

---

2. Pierre Vadeboncoeur, *L'Humanité improvisée,* Montréal, Bellarmin, coll. « L'essentiel », 2000, p. 72-73.

Voilà la vérité romanesque entrevue par le héros : être libre est une illusion, car nul ne peut venir à bout de tout ce qui le dépasse et le terrasse (la beauté, la vie, la mort), nul ne peut s'affranchir de ce qui lui semble étranger aussi longtemps qu'il ne perçoit pas ce qui l'y relie. Nous devenons libres en renonçant au désir de liberté, en soutenant amoureusement, héroïquement, ces forces contradictoires qui nous structurent et nous lézardent (la conscience de la fin, le désir de ne pas finir) jusqu'à ce que nous entrions dans une autre réalité, que nous percevions que ce monde est une œuvre, un *work in progress,* que nous participons à la création de ce monde qui nous crée, que nous sommes l'œuvre de l'univers et que l'univers est notre œuvre. Comme le dit l'un des moi qui délibèrent sur le crépuscule au-dessus du Sussex, et qui est précisément « celui qui préside l'assemblée » : « Voilà donc ce que nous avons créé aujourd'hui, dis-je : cette beauté, la mort de l'individu ; et l'avenir[3]. »

Dans *La Bête qui meurt,* comme dans *Les Invasions barbares* où Rémi s'intéresse un peu à la jeune héroïnomane qui lui fait sa dose quotidienne, David devient un adulte sur le tard, à soixante-dix ans, lorsqu'il répond à autre chose qu'à ses propres désirs : l'étudiante aux seins parfaits, qui s'intéressait jadis à Kafka et Vélasquez pendant que son professeur ne pensait qu'à la baiser, a maintenant un cancer et elle craint qu'après l'ablation d'un sein aucun homme ne pourra aimer son corps. Elle appelle son vieux professeur pour qu'il vienne photographier ces seins qu'il idolâtrait, la rassurer sur sa beauté qui était l'unique objet de ses désirs : « Elle m'a demandé de lui parler de la beauté de son corps ; voilà pourquoi je suis resté si longtemps. » (137) Ce que David découvre alors c'est la vraie nature du désir qui les enchaînait l'un à l'autre, à savoir la nécessité d'aimer, d'être deux pour contenir, apprivoiser « ce qui nous échappe, le passage du temps »

---

3. Woolf, « Le Sussex au crépuscule », p. 83.

(130). Voilà pourquoi David répond à l'appel de Consuela : « Ce matin, on lui a expliqué le déroulement de l'opération ; et maintenant il fait nuit, elle est toute seule avec la perspective… Il faut que j'y aille. Elle a besoin de moi sur place. Elle veut que je dorme dans son lit. Elle n'a pas mangé de la journée. Il faut qu'elle mange. Il faut qu'on la nourrisse. » (137) Même chauve et avec une tumeur au sein, Consuela est désirable, car ce qui nous pousse vers l'autre, ce n'est pas tant la beauté du corps que ce que cache et manifeste cette beauté, qu'on appelait jadis l'âme (mot que David n'utilise qu'une fois pour désigner ce qu'il poursuit), c'est-à-dire cette part de nous bien vivante qui entretient avec la mort une autre relation, comme si elle était certaine de ne pas mourir. Si la beauté attire, foudroie, c'est qu'elle est toujours tournée vers l'au-delà ou qu'elle nous tombe dessus depuis une région du réel au-delà des apparences, bref qu'elle nous promet une vie qu'on pressent et dont on craint d'être exclu. Ce n'est donc pas par vanité que Consuela demande à David de la rassurer sur sa beauté, ni par pure charité que David se rend à son chevet : c'est que tous deux ont besoin l'un de l'autre pour traverser la nuit, pour affronter la perspective de la mort. L'enjeu, c'est que Consuela retrouve intacte sa beauté (son âme) dans le regard de David et que David découvre la sienne au contact de celle de Consuela. Si l'âme existe, si la possibilité de ne pas cesser de vivre malgré la mort existe, elle ne peut s'éprouver que dans l'amour, que dans ce qui fait circuler la vie d'un être à l'autre, d'un côté et de l'autre de la mort, alchimie qui transforme les deux vases communicants mais aussi ce qui est communiqué. Comme l'écrit Broch, « à celui qui est seul, la mort est fermée, la connaissance de la mort n'est ouverte qu'à l'union de deux êtres[4] ».

Nous ne doutons jamais de notre petitesse et de nos limites dont s'accommode fort bien notre confortable médio-

---

4. Broch, *La Mort de Virgile*, p. 304.

crité alors que la grande révélation, qui vient presque toujours trop tard, c'est que nous sommes plus grands et meilleurs que nous le croyons, que la vie n'est peut-être pas une ligne droite qui s'arrête avec notre mort. David fait ce qu'il faut faire, mais s'il l'avait fait plus tôt, s'il avait « nourri » Consuela au lieu de la baiser, s'il avait nourri son intérêt pour la beauté des œuvres de Kafka et Vélasquez, peut-être, qui sait, aurait-elle moins paniqué à l'idée de perdre sa beauté, de mourir, car ce qu'elle cherchait dans ces œuvres, n'était-ce pas sa propre beauté, son âme, la possibilité de ne pas mourir ? Néanmoins, ce qu'il lui donne in extrémis, et qui le sauvera peut-être lui-même de l'angoisse de mourir (seul), est un don véritable alors que tout ce que Rémi, dans *Les Invasions barbares,* trouve à laisser à l'héroïnomane (qui aurait pu être une de ses élèves), et encore c'est par l'intermédiaire de son fils, c'est une bibliothèque remplie d'œuvres dont il n'a pas réussi à transmettre l'enseignement. Rémi se désole de n'avoir rien appris à son fils, le financier qu'il considère comme un barbare, tout comme David qui n'a pas réussi à libérer son fils du puritanisme, de « la dépendance féminine » (79), de la tyrannie des conventions qui le tiennent enfermé dans « l'image qu'il se fait de lui-même comme d'un homme de devoir intransigeant » (76). D'un côté, l'homme de plaisir (le père) qui met sa liberté au-dessus de tout et de tous, de l'autre, l'homme de devoir (le fils) qui, même avec une maîtresse, n'arrive pas à se défaire de certaines valeurs (fidélité, paternité), bref de l'idée « qu'il lui faut être admirable en toutes circonstances » (79). David croit que son fils ne réussira jamais à être un adulte, parce qu'il est et reste « menotté au gosse de treize ans, incapable de dépasser sa souffrance » (85), « d'affronter la bite de son père » (81). On peut se demander quelle souffrance a empêché le fils de devenir un adulte et quelle culture le père lui a donnée pour affronter « sa bite », si on en juge par la lucidité simpliste et brutale de celui qui croit avoir trouvé la liberté en affranchissant sa « bite » de « la dépendance féminine ». À la lecture d'une dissertation de son fils sur *Les Frères Karamazov,* le père reconnaît non pas sa faute mais la figure légendaire dans laquelle son fils l'a enfermé : « À cette époque, il était obsédé par notre éloignement, et comme de juste, sa dissertation tournait autour du personnage du père, sybarite dépravé, vieillard libidineux et solitaire entouré de jeunes maîtresses, bouffon insigne [...] père qui abandonne son premier enfant et ignore le suivant, parce que, écrit Dostoïevski, "un enfant l'aurait encombré dans ses débauches". » (75)

Voilà un portrait assez fidèle de David. Que « le bouffon insigne » enseigne à l'université, cela ne change rien à l'affaire mais l'aggrave. Le comble de la bouffonnerie, c'est feindre d'enseigner ce qui ne nous intéresse pas (parler de Kafka pendant des heures, des semaines, en attendant de baiser une de ses étudiantes), ça peut être aussi de cesser d'enseigner la littérature pour « faire de la critique à la radio publique [...] et parler de culture sur la Chaîne treize » (13) pour agrandir son territoire de chasse ; le comble de la barbarie n'est peut-être pas de ne savoir rien faire d'autre que de l'argent (comme le fils de Rémi) mais de tirer de ce que l'on sait et ignore assez de pouvoir pour être indifférent à tout ce qui n'est pas soi. Un barbare, comme le rappelle Steiner, ce n'est pas quelqu'un qui ne connaît pas Beethoven mais qui l'écoute le matin et torture l'après-midi, c'est quelqu'un qui joue Beethoven en se masturbant, quelqu'un dont la culture, plus ou moins grande, sert toujours en définitive à le protéger de la beauté et à lui masquer ses propres fautes.

4 Le mal sans la faute

Pierre Vadeboncoeur, qui est comme toujours, sans doute parce qu'il n'est pas savant, l'un des meilleurs lecteurs du monde contemporain, note, dans *La Clef de voûte*, que la disparition de la notion de faute procède d'une forme d'abstraction (« le péché abstracteur », disait Denis de Rougemont) qui assure à l'homme une liberté d'autant plus grande que la conscience, vide et refermée sur elle-même, n'a de compte à rendre à rien ni personne, qu'elle gagne en liberté ce qu'elle perd en substance : « L'homme actuel circule donc ainsi allégé, privé d'une partie de sa complexité. Moderne, américain. Indépendant de lui-même, soulagé de soi[1]. » Ce portrait correspond parfaitement au personnage de Kepesh qui se veut allégé de toute forme d'attachement. Cet homme peut reconnaître le mal, mais de ce mal il n'est jamais coupable : « La faute, la culpabilité, la relation de cause à effet entre la faute et le mal, en ce qui concerne notamment les mœurs, l'homme contemporain tend à écarter cela de son esprit. Il ne faut pas que la faute dans le mal vienne nous remordre[2]. »

On peut bien parler d'erreur mais surtout pas de faute, car l'erreur est plus noble, elle est intellectuelle tandis que la faute est d'ordre moral, elle renvoie à une vieille notion judéo-chrétienne dont on se méfie depuis Nietzsche ! Ainsi, quand un philosophe collabore implicitement avec les nazis parce qu'il veut garder son poste à l'université, se veut apolitique ou se méprend sur le sens du fascisme, il commet une erreur, et

---

1. Pierre Vadeboncoeur, *La Clef de voûte*, Montréal, Bellarmin, 2008, p. 89.
2. *Ibid.*, p. 87.

cette erreur serait une histoire privée entre lui et sa conscience. Que cela ait des conséquences dans le réel, sur de vrais êtres humains, torturés ou gazés, est une considération morale impertinente qui jette la conscience dans une problématique primaire (lien entre la pensée et les actes, entre la cause et l'effet) alors qu'elle vise à être « le berger de l'être », à s'alléger pour mieux embrasser la totalité du réel débarrassé à la fois de ces accidents que sont les hommes et des dieux que les hommes projettent sur un vide qu'ils ne peuvent supporter. De la même manière, un cinéaste qui a violé une fillette de treize ans ne devrait pas faire fasse à la justice en vertu de « sa vie exemplairement européenne » et de son œuvre qui participe de « l'art européen, sa littérature, son théâtre qui nous ont appris à déchirer le rideau des règles juridiques, religieuses, idéologiques, et à voir l'existence humaine dans toute sa réalité concrète[3] ». Si « l'homme accusé est toujours en prison », comme dit Kundera, qu'en est-il de la victime ? On a la désagréable impression que « la réalité concrète » de la fillette violée est le prix que tous les esthètes sont prêts à payer pour sauver une culture qui nous rendrait plus humains. Que le coupable ait purgé sa peine d'une façon ou d'une autre et que la victime lui ait pardonné ne suffit pas, car seuls le repentir et la reconnaissance de la faute peuvent lui rendre sa liberté. C'est ainsi que le coupable peut être plus grand que sa faute, la contenir plutôt que d'être enfermé en elle. Le repentir est au coupable ce que le pardon est à la victime : ce qui permet à l'un et à l'autre de s'insérer à nouveau dans la vie interrompue violemment par la faute.

Après avoir relevé les défenses étonnantes de Polanski par Alain Finkielkraut (« la fillette "n'était pas vraiment une jeune fille" puisqu'elle posait en tenue légère pour des magazines masculins ») et Bernard-Henry Lévi (qui a simplement reconnu que ce n'était qu'« une erreur de jeunesse » et que si

3. Milan Kundera, « La prison de Roman Polanski », *Le Monde,* 6 mai 2010.

la justice californienne était intelligente, elle se préoccu-
perait de « crimes plus sérieux »), Gil Courtemanche se
demande « depuis quand le viol d'une jeune fille de treize ans
n'est pas un crime sérieux en France » et pourquoi l'artiste
serait « plus libre que les autres[4] ». Marthe Robert, dans *La
Vérité littéraire*, dénonce elle aussi cette attitude qui consiste
d'une part à vouloir préserver la pureté ou la souveraineté de
l'œuvre « en dissociant radicalement *le créateur* de l'abjection
où il arrive à *l'homme* de tomber[5] » et, d'autre part, à considérer que « le mal dans la vie devient la source même du bien
dans l'écrit[6] » :

> La volonté de détruire radicalement l'humain, la violence
> sexuelle et toutes celles qui en sont dérivées, les folies et les
> rages du néant — tout cela n'est pas seulement reconnu
> comme le matériel avec lequel se fabriquent les œuvres les
> plus capables d'éveiller, mais on l'exalte et on en fait l'apolo-
> gie, on érige le criminel en saint parce que, tombé au dernier
> degré de l'abjection, le scandale à travers lui prend les dimen-
> sions du sacré[7].

On reconnaît bien dans ce renversement et cette dissocia-
tion l'origine de l'« homme allégé » dont parle Vadeboncoeur.
Bien sûr, tous les coupables ont droit au pardon, mais pour
cela il faut d'abord qu'ils aient été jugés, que la faute ait été
reconnue. Comme l'écrit Tchekhov, au moment de l'affaire
Dreyfus, « le devoir de l'écrivain n'est pas d'accuser ni de per-
sécuter, mais d'intercéder, fût-ce pour les coupables, dès l'instant où ils ont déjà été condamnés et qu'ils subissent leur

---

4. Gil Courtemanche, « Plus libre que les autres ? », *Le Devoir*, 12 mai 2010.

5. Marthe Robert, *La Vérité littéraire*, Paris, Grasset, 1981, p. 199.

6. *Ibid.*, p. 200.

7. *Ibid.*, p. 201.

peine[8] ». Personne ne peut être à tout jamais enfermé dans sa faute, ni ne peut se croire à l'abri de la faute qu'il condamne : « Que celui qui est sans péché lui jette la première pierre. » Qui peut affirmer qu'il n'aurait jamais cédé à la peur du régime nazi ou aux charmes d'une fillette de treize ans ? La seule liberté possible pour qui a commis une faute, ce n'est pas d'échapper aux lois ni même de « faire son temps », comme disent les prisonniers, c'est de se repentir et de voir dans sa peine non pas tant une façon d'effacer le mal que de reconquérir son humanité. « On n'a l'expérience du mal, écrit Simone Weil, qu'en s'interdisant de l'accomplir, ou, si on l'a accompli, qu'en s'en repentant[9]. »

Suspendre son jugement quand la culpabilité n'a pas été établie relève de la prudence et de la justice les plus élémentaires, mais refuser la notion même de faute, ce n'est pas faire preuve de charité ou d'altruisme, c'est au contraire déshumaniser l'homme, le vider de sa substance, de sa capacité à agir librement. Que la faute en ait été une d'omission (n'avoir rien dit ou fait pour combattre le mal), qu'elle ait été commise il y a très longtemps ou que la victime ait retiré sa plainte ne change rien à l'affaire, car ce qui est en jeu, c'est le fondement même de l'humain. « La terrible, l'indicible, l'impensable banalité du mal[10] », comme le dit Arendt, vient de cette « pure absence de pensée qui a permis à Eichmann de devenir un des plus grands criminels de son époque[11] ». Sylvie Germain, dans son essai sur Etty Hillesum, résume ainsi le danger auquel s'expose toute pensée qui s'accommode bien du « mal sans la

---

8. Anton Tchekhov, lettre du 6 février 1898, citée par Henri Troyat dans *Tchekhov*, Paris, Flammarion, 1984, p. 246.

9. Simone Weil, *La Pesanteur et la Grâce*, Paris, Plon, coll. « 10/18 », 1948, p. 77.

10. Hannah Arendt, *Eichmann à Jérusalem. Rapport sur la banalité du mal*, Paris, Gallimard, coll. « Folio histoire », 1991, p. 408.

11. *Ibid.*, p. 460.

faute » ou le justifie d'une façon ou d'une autre : « La pensée est en faillite dès qu'elle néglige d'établir des liens de cause à effet entre ses principes et la réalité, dès que l'on sépare ses paroles et ses actes de leurs conséquences, dès que l'on "met à part" le mal qu'on commet, le rendant alors indolore à notre conscience[12]. » Si le mal existe mais que personne ne le commet ou, ce qui revient au même, si personne n'en est responsable, c'est que l'homme, si génial soit-il, risque de sombrer dans « la césure entre morale et conscience [qui] manifeste déjà une certaine déshumanisation », annonce « une coupure moins naturelle que la science laisse entrevoir comme probable, étant donné les instruments déjà acquis permettant la manipulation des éléments constitutifs de l'humain, gènes, automatismes psychologiques, carte du vivant, maintenant soumis à l'analyse et à des interventions artificielles comme s'il s'agissait d'un robot dont on modifierait le comportement en modifiant les pièces sur lesquelles il s'articule[13] ». À ce « post-humain » « soulagé de soi », Vadeboncoeur oppose l'exemple de Dostoïevski :

> Dostoïevski, à l'encontre de tout cela, dans ses romans, est plein de personnages tumultueux dont la conscience, dans le bien comme dans le mal, est pénétrée de sens moral. Cette société n'est pas aseptisée. Elle a de la mémoire et un sens profond du réel. Elle pèche et elle le sait. Elle n'ignore pas ce que c'est que l'innocence, car elle connaît ce que c'est que la faute [...] Cette humanité n'est pas tronquée. Quelle différence avec l'indifférence actuelle de jugement ! Notre temps, à ces égards, juge le moins possible[14].

---

12. Sylvie Germain, *Etty Hillesum*, Paris, Pygmalion, 2006, p. 139.

13. Vadeboncoeur, *La Clef de voûte*, p. 89.

14. *Ibid.*, p. 90.

Vadeboncoeur touche ici à une conséquence capitale du mal sans la faute, plus grave en un sens que l'effondrement de la justice ou de la liberté, à savoir la disparition de l'innocence qu'entraînerait celle de la culpabilité. Si personne n'est coupable, si la culpabilité n'érige plus une sorte de digue qui rapatrie le mal dans celui qui le fait, qui retient, pourrait-on dire, le mal à l'intérieur de la liberté humaine, le mal risque de se répandre dans l'être, comme s'il en émanait, et de contaminer même l'innocent. Le triomphe du mal, c'est l'innocent qui ne reconnaît pas en lui la possibilité de commettre le mal dont il a été la victime ou qui croit effacer le mal en se vengeant. Comme l'écrit Simone Weil, « tout crime est un transfert du mal de celui qui agit sur celui qui subit[15] ». D'où l'importance des tribunaux, si imparfaits soient-ils, qui ont pour tâche non pas tellement de dédommager les victimes ou de réparer ce que le mal a détruit, mais bien de reconnaître les coupables et de maintenir ainsi, dans une situation donnée, la séparation entre le coupable et l'innocent. On peut bien reprocher aux tribunaux leur lourdeur et leurs errements, mais comment s'en passer, surtout à une époque où, selon Vadeboncoeur, « il n'y a plus guère de tribunal intérieur dans cet homme bionique[16] » dont a accouché peu à peu une civilisation qui s'est crue parvenue « au-delà du bien et du mal », à une telle conscience de l'être que l'individu ne pourrait plus rien faire qui irait contre le mouvement de la vie à l'œuvre aussi bien dans l'univers qu'en chacun de nous. C'est l'existence d'un tel tribunal intérieur qui permet à Dostoïevski d'affirmer, par la voix de Zosime dans *Les Frères Karamazov* : « Chacun de nous est coupable devant tous et pour tous et pour tout, et moi plus que les autres[17]. » Combien de fois nous sommes-nous

15. Weil, *La Pesanteur et la Grâce*, p. 78.

16. Vadeboncoeur, *La Clef de voûte*, p. 87.

17. Dostoïevski, *Les Frères Karamazov*, Paris, Gallimard, coll. « Bibliothèque de la Pléiade », 1952, t. II, p. 310.

demandé pendant quelques instants, après le journal télévisé des horreurs quotidiennes qui vont des génocides aux fraudes, de la famine au terrorisme, comment nous en sommes arrivés là et ce que nous pouvons faire pour sortir de ce cauchemar ? Comme la question nous semble insoluble et que le paradis, pour les privilégiés que nous sommes, est déjà là, à portée de la main, dans le confort et les loisirs, nous philosophons à bon compte (« nous n'y pouvons rien et n'aggravons surtout pas les choses en nous en mêlant »), et retournons à l'indifférence qui protège de barbelés invisibles non seulement nos paradis fiscaux mais notre bonne conscience.

Mais de quoi sommes-nous coupables au juste, quelle est la faute originelle, celle qui engendre tous les maux et chasse l'homme du paradis ? Quelle loi, quelle règle avons-nous enfreinte, nous qui n'avons jamais tué, payons nos impôts et plaçons nos maigres économies à la Caisse populaire ? En quoi, à quel moment avons-nous cessé d'être humains ? Et puis être humains n'est-ce pas précisément être chassés du paradis, être plongés dans le temps et donc soumis à notre terrible liberté, y compris celle de faire le mal ? Voilà rapidement résumée la pensée qui soutient, sinon excuse, notre indifférence, cette paresse morale que Vadeboncoeur interroge : « À qui, à quelle conscience vivante doit-on répondre ? Qui demeure profondément responsable et envers qui, envers quoi ? Où est ce qu'on appelle la faute ? Dans la faute, puisqu'elle ne compte plus, qu'est-ce qui est trahi[18] ? » La réponse à la question « quelle est la faute » est dans le mot « responsable » : si nous sommes tous *coupables* de tout et de tous devant tous, c'est que nous sommes tous *responsables* de tout et de tous, et que la faute, c'est d'ignorer ou de briser ce lien de responsabilité. Si la négation de la faute nous vide de notre humanité, nous en fait déchoir, c'est qu'être humains, c'est essentiellement être responsables, comme l'écrit Saint-

---

18. Vadeboncoeur, *La Clef de voûte,* p. 88.

Exupéry : « Être homme, c'est précisément être responsable. C'est connaître la honte en face d'une misère qui ne semblait pas dépendre de soi. C'est être fier d'une victoire que les camarades ont remportée. C'est sentir, en posant sa pierre, que l'on contribue à bâtir le monde[19]. » Il est significatif que pour cette « humanité improvisée », que décrit Vadeboncoeur surtout depuis *Les Deux Royaumes,* Saint-Exupéry soit un auteur mineur que plus personne n'ose lire, sauf Vadeboncoeur ou Philippe Forest, qui affirme que « *Le Petit Prince,* fable pour enfants — unanimement considérée avec la condescendance qui va aux œuvres jugées puériles, naïves et sentimentales — constitue le plus grand livre de philosophie morale du siècle passé, celui par lequel la pensée relève en toute humilité le défi majuscule du nihilisme[20] ». Évidemment, Saint-Exupéry (Camus ou Steinbeck) ne se trouve pas dans la bibliothèque de Rémi ou de Kepesh.

Avec cette notion de responsabilité, nous voici de retour au lien que Vadeboncoeur établit entre conscience et morale, la dimension morale n'étant pas un attribut parmi d'autres de la conscience mais bien ce qui la constitue : être humain c'est être conscient, et être conscient c'est percevoir les liens qui unissent les hommes entre eux, et les hommes avec l'univers. Et comment percevoir ces liens ? De la même manière qu'on prouve le mouvement en marchant, on éprouve ces liens en les créant, en étant responsable de ce qui nous est apparemment extérieur. Pour cela, il faut combattre la pensée dominante qui veut, écrit Forest, « que chaque conscience s'accomplisse solitairement par l'affirmation exclusive de sa propre singularité[21] », en faisant l'expérience contraire, celle du

---

19. Antoine de Saint-Exupéry, cité par Philippe Forest, « Chacun est seul responsable de tous : morale de Saint-Exupéry », dans *Études françaises,* vol. 46, 2010, p. 17.

20. Forest, « Chacun est seul responsable de tous », p. 22.

21. *Ibid.,* p. 22.

manque et de l'amour qui nous pousse vers l'autre comme vers la part infinie de nous-mêmes. C'est paradoxalement dans la reconnaissance de son incomplétude que le moi s'accomplit : « Moi non interchangeable, écrit Lévinas, je suis moi dans la seule mesure où je suis responsable. Je puis me substituer à tous, mais nul ne peut se substituer à moi. Telle est mon identité inaliénable de sujet[22]. » Cette « identité inaliénable » qu'on découvre, qu'on éprouve paradoxalement au contact de l'autre dont on se sent responsable, n'a rien à voir avec l'« intégrité » de Kepesh que l'amour ou le désir « lézarde », car Kepesh, avant la révélation de la mort imminente, ne croit qu'à la biologie, qu'aux seuls liens créés par la sexualité : « Est-ce que quiconque trouve l'autre magique s'il n'y a pas de sexe à la clé ? […] On se joue une comédie. Une comédie qui consiste à fabriquer un lien factice, et tristement inférieur à celui que crée sans le moindre artifice le désir érotique[23]. »

Le roman de Peter Handke, *Lent retour,* est l'une des rares œuvres contemporaines qui replace la faute au centre de la conscience. Le héros, qui s'est réfugié en Alaska, croit retrouver une certaine innocence dans la contemplation solitaire des « formes des temps premiers » : « Mais malgré le besoin de se taire, de ne rien dire de soi, n'existait-il pas le désir de pousser une exclamation spontanée, une simple exclamation qui démontrerait non seulement qu'on n'a commis aucune espèce de faute mais qui rétablirait aussi la rayonnante innocence originelle avec laquelle on pourrait vivre de façon durable[24]. » Ce qui va le chasser de ce paradis qu'il croyait avoir retrouvé, c'est « le sentiment d'une faute irrémédiable », « la

---

22. Emmanuel Lévinas, *Éthique et Infini,* Paris, Fayard, coll. « Biblio/essais », 1982, p. 97-98.

23. Roth, *La Bête qui meurt,* p. 25-26.

24. Peter Handke, *Lent retour,* Paris, Gallimard, 1977, p. 37. Désormais, dans ce chapitre, tous les renvois à ce livre se feront entre parenthèses dans le corps du texte.

conscience d'une privation insatiable, d'une incapacité infinie » (36). Peu à peu il prend conscience que « l'éloignement seul était déjà la faute » (39). La nature vers laquelle le portait son tempérament de solitaire et qui lui « donnait à voir une histoire qui l'engloberait par-delà toute personnalité particulière » (52) ne lui suffit plus, et pour la première fois depuis des mois il se rapproche d'une femme : « À travers elle, il lui semblait faire l'expérience de ce qu'était la gravité terrestre. Une nuit, on eût dit qu'ils étaient couchés sur un haut plateau trop petit pour eux : devenus soudain plus grands que nature et incrédules à force de plaisir, ils étaient, l'un pour l'autre, le monde. » (53) Finalement, après beaucoup de résistance (on n'échappe pas facilement à un siècle de nihilisme), notre héros réintègre l'humanité dans un coffee shop de New York, « pris par la joie de saisir de façon toute nouvelle ce temps qu'il n'avait jamais pu se figurer qu'hostile [et qui] ne signifiait plus abandon et dépérissement, mais cohésion et sécurité ; et pendant un instant de clarté (qu'il allait encore perdre quand ?) il se représenta « un Dieu » qui était « bon » (145).

Voici notre héros solitaire désormais « exalté par le sentiment non de sa propre immortalité, mais de l'immortalité humaine » (148) et qui trouve dans cet instant la loi qui lui faisait défaut : « Ce dont je fais ici l'expérience ne doit pas se perdre. C'est un instant qui fonde la loi : il m'absout de ma faute, de cette faute dont j'étais seul responsable et que j'éprouvais encore après coup comme telle ; il m'oblige, moi l'isolé qui ne participe toujours aux choses que par hasard, à m'en mêler aussi constamment que possible. » (147-148) Ce n'est pas par hasard que le mot *Dieu* apparaît, même entre guillemets, après que Sorger, le héros de *Lent retour,* a pris conscience que « l'éloignement seul était la faute » et que le mot « bon » est rattaché à la perception de ce qui le relie aux autres humains. C'est que la conscience n'existe que dans la mesure où elle participe de quelque chose qui l'enveloppe et la relie aux autres. D'où l'affirmation de Vadeboncoeur : « On n'est en effet jamais coupable en soi, mais envers quelqu'un, ou envers l'Être et envers les êtres. Dostoïevski dit que si Dieu n'existe pas, tout est permis. On n'est pas seul. On ne peut se sentir en faute seulement à cause d'un concept ou d'une règle ou d'une loi. On l'est devant un être, et comme être. Cela n'existe que dans l'ordre de l'amour, ce qui n'est pas abstrait[25]. »

Ce n'est pas l'obéissance à des règles définies qui permet de distinguer le bien et le mal, mais l'acceptation ou le refus du mouvement vers l'autre, vers ce qui est en dehors de nous et qui pourtant fait de nous ce que nous sommes, comme un désir de donner et qui nous donne ce qui nous manque. L'amour dont il est question ici est quelque chose de concret, dit Vadeboncoeur, quelque chose qui nous lie à l'autre non pas en raison d'affinités électives mais qui nous place « devant un être, et comme être ». Lévinas, commentant le même mot de Dostoïevski, écrit que cette responsabilité m'incombe « non pas à cause de telle ou telle culpabilité effectivement mienne, à cause de fautes que j'aurais commises ; mais parce que je suis responsable d'une responsabilité totale, qui répond de tous les autres et de tout chez les autres, même de leur responsabilité. Le moi a toujours une responsabilité *de plus* que tous les autres[26] ». Au mal sans la faute il nous faut opposer la responsabilité sans la faute, ce qui revient à dire que si la seule faute c'est l'éloignement, dès qu'un être est seul je suis coupable de sa solitude. Nous voici bien loin d'une morale de comptable qui soustrait la faute du mal et assure à la conscience le repos de tout le mal qu'elle n'a pas fait. Penser ainsi, croire que nous sommes responsables même des fautes que nous n'avons pas commises, n'est-ce pas se prendre pour Dieu, et ne serait-il pas plus sage de se contenter d'être humain, d'accepter ses propres limites et de se charger de ses seules et propres fautes ? Oui, mais la question est précisé-

25. Vadeboncoeur, *La Clef de voûte*, p. 88.

26. Lévinas, *Éthique et Infini*, p. 95.

ment de savoir ce qu'est un être humain. Si nous ne sommes pas seuls, c'est que chaque être humain, si singulier et fini soit-il, participe de quelque chose qui le dépasse, de quelque chose d'infini. La source de toutes les fautes, c'est de s'éloigner de cette « relation à l'Infini, dit Lévinas, [qui] n'est pas un savoir mais un Désir », « le Désir [qui] est comme une pensée qui pense plus qu'elle ne pense, ou plus que ce qu'elle pense[27] ». Ce désir de l'Autre qu'on nomme Dieu, l'Être, l'infini ou l'innommable et qu'on perçoit aussi bien dans un visage que dans un ciel étoilé, est un désir qui nous éloigne de nous-mêmes et nous élargit, car « l'humain, poursuit Lévinas, est comme une percée qui se fait dans l'être et *met en question* la fière indépendance des êtres dans leur identité qu'elle assujettit à l'*autre*[28] ». N'en déplaise à Kepesh, être humain, c'est être terrassé, lézardé par l'autre. Pour Vadeboncoeur, l'humain c'est « le monde de la conscience dans le monde du mystère », et l'on ne s'étonnera pas qu'il voie dans l'enfant « l'illustration vivante de ce par quoi l'humain est ineffable[29] » :

> Mais un enfant de quatre ans est encore une merveille : personne limitée, vulnérable, mortelle, par sa condition humaine, mais présentant lisiblement, par l'éclat du visage, par la lumière de la vie à sa source, les caractères du verbe étranger à toute mort. Daniel, personne humaine, mais Daniel, d'autre part, figure sortie d'un univers sans ombre et traversant le nôtre comme une comète venue d'ailleurs et portant les signes de l'inaltérable[30].

27. *Ibid.*, p. 86-87.

28. *Ibid.*, p. 114-115.

29. Pierre Vadeboncoeur, *Un amour libre*, Montréal, HMH, 1970, p. 25.

30. *Ibid.*, p. 91-92.

L'innocence est ce lien encore intact entre l'esprit et le mystère, le temps et l'éternité, et « toute faute est dégradation par rapport à cette innocence[31] ». Encore là, on comprend que Kepesh tienne à démolir son fils, ridiculise ses problèmes moraux et l'invite brutalement à prendre congé de son enfance : « Il ne peut quand même pas passer sa vie à se laisser obséder par le drame de son enfance. Ah si ? Eh bien, peut-être ; tu dois avoir raison. Il restera écorché vif toute sa vie. Une farce parmi tant d'autres : l'homme de quarante-deux ans menotté au gosse de treize ans, incapable de dépasser sa souffrance[32]. » L'œuvre de Vadeboncoeur, qu'elle se penche sur l'art ou sur la politique, l'amour ou le social, essaie de montrer ce rétrécissement de la conscience qui est toujours rétrécissement du monde, fossé que la peur creuse entre les humains incapables de supporter « le silence éternel de ces espaces infinis », incapables de voir briller dans les humains un peu de cet infini. Reprenant les mots de Kant qui affirme que « deux choses seulement existent qui méritent notre admiration : la loi morale à nos côtés, et au-dessus de nous le ciel étoilé », Philippe Forest écrit qu'« il fallait un romancier français [Saint-Exupéry] pour que nous comprenions qu'elles ne sont qu'une et que la morale n'est rien d'autre que la fidélité en nous qui nous lie, malgré tout, à la clarté lointaine où se réfléchit à l'infini l'expérience de notre affection la plus vraie, par laquelle nous nous trouvons unis à tout[33]. » C'est à cette même découverte que nous convient les essais de Vadeboncoeur et son admirable récit, *Un amour libre,* qui n'a rien à envier au conte de Saint-Exupéry.

Reconnaître le mal sans la faute, c'est « loger le mal dans un autre ordre au rang d'un phénomène déshumanisé[34] »,

---

31. *Ibid.,* p. 16.

32. Roth, *La Bête qui meurt,* p. 85.

33. Forest, « Chacun est seul responsable de tous », p. 24.

34. Vadeboncoeur, *La Clef de voûte,* p. 90.

autant dire dans un monde sur lequel l'homme n'a aucune prise, dans un monde qui ne le concerne plus, qui n'est plus un objet de connaissance, de création et d'amour, mais un objet de terreur ou de consommation. Dès lors, la pensée peut bien dire ceci ou cela d'un tel monde, en déplorer l'insignifiance ou en créer un autre, elle est inutile car elle a perdu tout contact avec le réel : « Le fait de n'avoir plus le sens de la faute, dit Vadeboncoeur, ouvre la porte à des pensées où il ne reste plus rien. Ce vide, celui de la pensée, aggrave le fait du mal lui-même. Cela finit dans un désert où n'importe quoi peut sembler aller de soi[35]. » Philippe Forest va dans le même sens : « Le problème existentiel et philosophique auquel se trouve confronté le héros de Saint-Exupéry est celui de l'isolement de la conscience au sein d'un univers atomisé (les astéroïdes dans le ciel) et vide (le désert sur la terre) où manque toute possibilité de relation[36]. » Vadeboncoeur relie ce vide, cette « simplification de la conscience humaine » à la « domination des masses sur la pensée des sociétés[37] ». Ainsi, qu'ils le veuillent ou non, les intellectuels, si élitistes soient-ils, ne se distingueraient guère de la masse et seraient même, dans la mesure où ils ont contribué à vider la pensée de toute notion de faute et de responsabilité, les complices d'une civilisation où « la conscience, fragmentée à l'infini parce que devenue strictement individuelle, ne saurait avoir de pôle[38] », « d'une civilisation incapable de se juger elle-même[39] ». Kepesh, qui était « affligé d'une conscience exigeante », a beau dire qu'il a dû travailler fort à s'en libérer, que « la populace n'est pas venue ouvrir la porte de [sa] bastille[40] », il doit reconnaître

---

35. *Ibid.,* p. 91.

36. Forest, « Chacun est seul responsable de tous », p. 22.

37. Vadeboncoeur, *La Clef de voûte,* p. 92.

38. *Ibid.,* p. 93-94.

39. *Ibid.,* p. 95.

40. Roth, *La Bête qui meurt,* p. 64.

qu'il a trouvé sa voie grâce à « cette délivrance qu'apportaient les années soixante », « phénomène fédérateur », « torrent social » qu'il résume ainsi : « Je suis donc marié et père de famille, affligé d'une conscience exigeante — et voilà que la révolution éclate. Tout explose, j'ai toutes ces filles autour de moi et on voudrait que je reste marié, que j'aie des maîtresses, que je me dise tant pis, on ne fait pas ce qu'on veut dans la vie[41] ? » On peut se demander sérieusement qui du père ou du fils est resté un adolescent, et aussi quelle différence il y a entre le maître et la « populace en délire » ? Est-ce cela le modèle de « la lucidité virile », comme l'affirme Alain Roy, à qui le lecteur peut tout pardonner, parce qu'il « lui fait don de sa lucidité supérieure[42] » ? C'est ainsi que les deux pathologies dont parlait Steiner, le vide culturel des programmes universitaires et « l'exploitation sexuelle de l'élève par le professeur », participent d'un même « phénomène fédérateur », du même « foutoir intégral, puéril, saugrenu[43] ».

Alors que l'œuvre de Roth est élevée au rang de « gardienne du roman et de sa lucidité[44] », celle de Vadeboncoeur risque de séjourner encore un bon moment au purgatoire, le temps que « la faute, dans le mal, vienne nous remordre » et nous réveiller.

41. *Ibid.*

42. Alain Roy, « Un rempart », dans *L'Inconvénient,* n° 41, mai 2010, p. 19.

43. Roth, *La Bête qui meurt,* p. 63.

44. Roy, « Un rempart », p. 24.

5 L'échec du père

Le roman de Coetzee, *Disgrâce,* raconte lui aussi l'histoire de quelqu'un qui a refusé d'être responsable, qui a été père et professeur malgré lui, et qui ne reconnaît pas lui non plus, comme le héros de Roth, que coucher avec ses étudiantes et refuser d'être un père est une (même) faute. Mais comme cette faute sera doublement sanctionnée par son exclusion de l'université et par le destin tragique de sa fille, le héros est bien obligé d'en subir les conséquences et de revenir peu à peu, à contrecœur, dans le réel et parmi les humains, tant il est vrai, comme le dit Vadeboncoeur, qu'« on n'est jamais coupable en soi, mais envers quelqu'un ». Toute faute est le refus ou la perversion du désir qui me lie aux êtres et à l'être. Je commets une faute chaque fois que je choisis de satisfaire mes propres désirs, si légitimes soient-ils, plutôt que de répondre aux besoins de l'autre, chaque fois que j'agis par intérêt plutôt que d'obéir à l'exigence éthique qui, contrairement à la morale qui « est seulement capable d'interdire le mal définissable », est « l'acte infini d'aspiration infinie[1] ». Quand ce que j'écris ou dis ne correspond pas à ce que je vois ou pense, quand ce que je fais m'éloigne du réel qui aspire mon regard et ma pensée, quand je préfère baiser une étudiante plutôt que de lui enseigner Kafka, quand je préfère lire Kafka plutôt que d'apprendre quelque chose à un enfant, je commets une faute contre l'esprit, contre un possible transcendant, dit Steiner. La faute à l'égard de l'étudiante, qui entraîne la disgrâce de David Lurie, s'enracine dans une faute antérieure tant à l'égard de lui-même que de sa fille.

---

1. Broch, *Création littéraire et connaissance,* p. 220.

Le héros de Coetzee ressemble à celui de Roth trait pour trait, mais en plus grave, comme si en passant de L'Amérique dorée des années soixante à l'Afrique du Sud de l'apartheid, on passait du cynisme bon enfant au tragique. Les deux professeurs n'ont pas la vocation, comme on disait autrefois. David Kepesh, plus jeune, avait bien essayé de suivre la devise de Byron, « studieux le jour et la nuit dissolu[2] », mais la nuit l'a vite emporté et il est devenu un baratineur populaire qui s'intéresse peu à la littérature. Lurie « n'a aucun respect pour ce qu'il doit enseigner, il laisse ses étudiants indifférents[3] », et s'il ne les méprise pas, « il y a bien longtemps qu'il ne s'étonne plus de l'ignorance crasse de ses étudiants. Génération postchrétienne, posthistorique, postalphabète, ils pourraient bien être sortis de leur œuf hier » (43-44). Ayant renoncé à atteindre les étudiants, il est un « enseignant plutôt médiocre », « las de l'activité critique, las de produire de la prose au mètre », « ce qu'il voudrait écrire, c'est de la musique » (11). Mais voilà, il lui manque pour faire de la musique ce qui lui manque pour faire de la littérature, c'est-à-dire le moyen de passer, comme il le dit dans son cours sur Wordsworth, de l'expérience des sens à celle des idées, d'arriver à faire coexister « les grands archétypes de l'esprit » et « de simples images sensorielles » (31). Lurie, on l'aura compris, n'est ni un idiot ni un baratineur, comme Kepesh qui professe à la télé les idées reçues de son époque, c'est quelqu'un qui est engagé dans une véritable aventure intellectuelle et artistique qu'il résume ainsi :

Comme les organes sensoriels atteignent leur limite, leur lumière commence à faiblir. Pourtant, avant que d'expirer, cette lumière lance un dernier éclat, comme la flamme d'une

---

2. Roth, *Professeur de désir,* Paris, Gallimard, coll. « Folio », 1979, p. 25.

3. J. M. Coetzee, *Disgrâce,* Paris, Éditions du Seuil, coll. « Points », 2001, p. 11. Désormais, dans ce chapitre, les renvois à ce livre se feront à l'intérieur de parenthèses dans le corps du texte.

chandelle, et nous laisse apercevoir l'invisible. Ce passage est difficile, peut-être même en contradiction avec le moment de contemplation du mont Blanc. Wordsworth néanmoins semble avancer instinctivement vers un équilibre : non pas l'idée pure, enveloppée de nuages, ni l'image visuelle qui brûle sur la rétine, qui nous éblouit et nous déçoit par sa clarté sans mystère, mais l'image sensorielle, dont on protège autant que possible la fugacité, et qui est le moyen de réveiller, d'activer l'idée enfouie plus profondément dans le terreau de la mémoire. (32)

On se demande, à suivre ce cours, comment un être aussi conscient du drame et des enjeux de la connaissance et de la création a pu devenir un compositeur et un écrivain ratés, un prédateur (c'est ainsi qu'il se voit) qui « à chaque trimestre s'éprend de l'une ou l'autre de ses étudiantes » (20), un père absent qui ne retrouve sa fille que pour assister impuissant à son viol, dont il est en partie responsable puisqu'avant son arrivée sa fille avait réussi à maintenir des rapports pacifiques avec ses voisins noirs. Comment est-il devenu cela : « Pas un mauvais type, mais pas bon non plus. Pas froid, mais pas de feu non plus, même quand il brûle. En tout cas rien de comparable à Soraya [la prostituée qu'il fréquente] ni même à Byron. Manque d'ardeur. Est-ce que ce sera là le verdict sur son compte, le verdict de l'univers dont l'œil embrasse tout ? » (244) On pense au mot d'Arendt : « La triste vérité est que la plus grande part du mal est faite par des gens qui ne se sont jamais décidés à être bons ou mauvais[4]. » Ce qui a manqué à Lurie non seulement pour être un créateur, mais surtout un être humain, c'est la force de combattre toute cette culture du plaisir qui l'enferme dans l'impossibilité de soutenir la tension entre lui et l'autre, entre le visible et l'invisible, entre le crépuscule au-dessus du Sussex et ce que cette lumière révèle :

---

4. Hannah Arendt, *Considérations morales,* Paris, Payot et Rivages, coll. « Rivages poche/Petite Bibliothèque », 1996, p. 58.

« [la] beauté, la mort de l'individu ; et l'avenir » (Woolf). Lui qui n'est pourtant pas, comme ses étudiants, tout juste sorti de l'œuf, obéit, malgré toute sa culture, à une idée simpliste qui était aussi celle de l'autre David, à savoir que l'homme a trahi l'animal qu'il porte en lui, qu'il s'est laissé détourner de sa propre divinité. À sa fille qui lui demande pourquoi il a couché avec son élève, il répond : « Ce que j'ai à dire pour ma défense repose sur les droits du désir, dit-il. Sur le dieu qui fait trembler même les petits oiseaux [...]. *J'étais au service d'Éros* : voilà ce qu'il veut dire, mais a-t-il le front de dire cela ? *C'est un dieu qui agissait en moi.* » (114-115) Mais voilà que ce professeur qui se plaçait au-dessus de la morale pour obéir aux droits du désir — « Bien ou mal, il fait ce qu'il a envie de faire. Il n'agit pas selon un principe, il obéit à des impulsions » (45) —, qui se méfiait de tous ces gens « pleins d'enthousiasme, de bonnes intentions » qui s'occupent des bêtes, va apprendre au contact des bêtes à devenir humain, à faire quelque chose qui ne réponde pas au seul désir réduit à l'instinct de plaisir, mais à cet autre désir que l'autre, homme ou bête, puisse vivre et mourir sans souffrir, dignement. Au lieu de laisser les cadavres des chiens sur la décharge « avec les autres déchets du week-end », il les conduit jusqu'à l'incinérateur, parce qu'il « se refuse à leur infliger un déshonneur pareil » (182) : « C'est curieux qu'un égoïste comme lui se mette volontairement au service des chiens morts [...] Il sauve l'honneur des cadavres parce qu'il n'y a personne d'autre qui soit assez bête pour le faire. Il est en train de devenir bête, stupide, buté. » (185)

Lurie est-il sauvé, a-t-il décidé « d'être bon ou mauvais » ? C'est ce que sa fille lui demande, elle qui a décidé de garder l'enfant du viol dont elle est enceinte, en misant sur l'amour qu'elle associe, contrairement à son père, à la nature, au développement naturel de l'être qui s'affranchit de l'instinct, des impulsions. Elle ne peut pas encore aimer cet enfant conçu dans l'horreur : « Mais je l'aimerai. L'amour viendra, grandira, on peut faire confiance à la nature. Je suis bien décidée à être une bonne mère, David. Bonne mère, et aussi quelqu'un de bon, d'honnête. Tu devrais essayer de devenir quelqu'un de bien toi aussi. » (268-269) David lui répond qu'il est trop tard, mais l'idée du bien ou plutôt le mouvement vers le bien qu'il voit à l'œuvre dans sa fille fait son chemin :

> — J'ai idée que c'est trop tard pour moi. Je ne suis qu'un vieux repris de justice qui purge sa peine. Mais toi, vas-y. Tu es en bonne voie.
> Devenir quelqu'un de bien. Ce n'est pas une mauvaise résolution à prendre quand on est dans des temps difficiles. (269)

Il y a encore beaucoup de cynisme dans cette « conversion » de Lurie, mais sa fille aura réussi à ébranler les convictions du « professeur de désir », de celui qui voulait bien s'occuper des bêtes à la condition de ne pas devenir meilleur : « D'accord. J'irai au centre si on ne me demande pas de devenir quelqu'un de meilleur. Je ne suis pas prêt à me faire remettre dans le droit chemin. Je tiens à rester moi-même. » (100) Sa fille aura réussi à ébranler toutes ces idées reçues qui maintiennent l'homme moderne dans l'adolescence, qui en font un « homme inachevé ». Comme quoi « l'autorité didactique passe par la vertu de l'exemple[5] » et que c'est parfois l'enfant (l'élève) qui guide le père (le professeur). David a toujours considéré « qu'être père est quelque chose de plutôt abstrait » (82) jusqu'au jour où il assiste impuissant au viol de sa fille et se rend compte que sa fille, consciemment ou non, essaie à sa façon de réparer les torts de l'apartheid, qui sont aussi ceux du père : « Tu veux réparer les torts du passé, mais ce n'est pas la bonne façon de t'y prendre. » (168-169) Si Lurie, contrairement à Kepesh, n'a pas refusé par principe d'être père, il n'a pas mieux réussi que l'autre — « Comme père, il n'a pas trop bien réussi, bien qu'il se soit appliqué plus que

---

5. Steiner, *Maîtres et Disciples,* p. 13.

beaucoup d'autres » (270) —, parce qu'il a obéi surtout, comme l'autre David, à la loi du plaisir, aux droits du désir. Il est devenu père sur le tard, malgré lui, quand sa fille l'a amené dans le réel, c'est-à-dire dans un monde où l'autre existe, où même les bêtes souffrent, ont besoin et sont capables d'affection, d'amour. C'est par l'amour et la souffrance bien réelle dans la chair de sa fille que le père est pour ainsi dire mis au monde, forcé, comme dit sa fille, de recommencer sa vie :

> — Oui, je suis d'accord, c'est humiliant. Mais c'est peut-être un bon point de départ pour recommencer. C'est peut-être ce qu'il faut que j'apprenne à accepter. De repartir du ras du sol. Sans rien. Non, pas sans rien, sauf. Sans rien. Sans atouts, sans armes, sans propriété, sans droits, sans dignité.
> — Comme un chien.
> — Oui, comme un chien. (256)

La fille accouche de son père en expiant la faute qu'il n'a pas reconnue. Cette faute, c'est l'abus de pouvoir du professeur qui a exploité sexuellement son élève et celle du Blanc qui a profité de l'apartheid, car l'apartheid a dû être fait aussi par des gens qui se désintéressaient aussi bien de leur métier que de leur pays, qui ne se sont jamais décidés à être bons ou mauvais. Devant le conseil disciplinaire de l'université, si Lurie ne veut pas reconnaître le pouvoir qu'il a comme enseignant (sans doute comme beaucoup de Blancs apolitiques pendant l'apartheid), c'est pour mieux en abuser, et s'il récuse la notion d'abus, c'est qu'il voit dans ce procès le procès du désir, la preuve que « nous vivons une époque de puritanisme » (86) qu'il faut combattre par l'éros : « Je n'étais plus moi-même. Je n'étais plus un divorcé de cinquante ans qui ne sait plus où il en est. Je suis devenu le serviteur d'Éros. » (69) En quoi cet « homme à femmes » (14) qui recherchait fébrilement les occasions de coucheries avec ses étudiantes, « avec des femmes de collègues, des touristes sur le front de mer ou au club Italia ; il couchait avec des putains », serait-il devenu autre chose, aurait-t-il cessé d'être lui-même pour devenir le serviteur d'Éros le jour où il a couché avec son étudiante ? Est-ce que le serviteur d'Éros sert autre chose que son instinct quand « il se jette sur elle » et qu'elle « se désarticule comme une marionnette », que « les mots qu'il prononce tombent comme des coups de bâton » (35) ?

> Ce n'est pas un viol, pas tout à fait, mais sans désir, sans le moindre désir au plus profond de son être, comme si elle avait décidé de n'être qu'une chiffe, de faire la morte au fin fond d'elle-même le temps que ça dure, comme un lapin lorsque les mâchoires du renard se referment sur son col. (35-36)

Est-ce que Lurie pourrait agir ainsi s'il percevait ce que l'autre ressent pendant qu'il combat héroïquement le puritanisme, qu'il se met courageusement au service d'Éros ? Non, je ne crois pas que Lurie soit un vrai salaud, c'est tout simplement quelqu'un rendu insensible à l'autre par la culture du plaisir, par une pensée purifiée de toute notion de faute, vide de toute transcendance, incapable d'imaginer un au-delà, quelque chose qui lui échappe, sans aussitôt le ramener à soi par la force (des bras ou de l'intellect) et croit qu'en transgressant ainsi la loi il débouche dans une sorte de sacré, de vérité supérieure. Non, Lurie n'est pas un salaud, c'est quelqu'un qui n'a pas décidé d'être bon ou mauvais et qui justifie ce choix de ne pas choisir en invoquant une force supérieure ou une mission sociale qui l'arrange. Ce que l'étudiante vit ce jour-là, Lurie ne le ressent pas, parce qu'après tout ce n'est pas un vrai viol, c'est Éros qui travaille à libérer l'époque et fait trembler les petits oiseaux avec des mots qui ne sont pas de vrais bâtons, le whisky qu'il lui donne « pour la lubrifier » (212) n'est pas de la drogue, et puis elle a couru après, monsieur le juge, « quand il arrive, elle l'attend sur le trottoir devant l'immeuble. Elle porte des collants noirs et un pull-over » (28), « sa tenue sexy ; ses yeux brillants d'excitation. Elle s'engageait dans la forêt où rôde le grand méchant loup » (212). Quand sa propre fille sera violée par trois hommes, presque sous ses yeux, est-ce que Lurie qui, « encore enfant méditait sur le mot viol » (202), entrevoit, ne serait-ce qu'un instant, l'étudiante dans sa fille ? Non, car il s'entête à associer le viol à une menace de mort, même après que sa fille lui a expliqué que c'est la haine qui tue même si la victime survit et ne porte aucune trace de violence physique : « Peut-être que, pour les hommes, c'est plus excitant de haïr la femme. Tu es un homme, tu dois savoir ça mieux que moi. » (200) Lurie ne peut ressentir la « mort » de sa fille, mais il ne peut plus se mentir, « s'il se concentre, s'il se perd, il est capable d'être là, d'être l'un de ces hommes [les violeurs], de se glisser en eux, de les habiter avec le fantôme de lui-même. La question est de savoir s'il a ce qu'il faut pour se mettre à la place de la femme. » (203)

Si le père ne comprend pas que sa fille ne veuille pas fuir loin de cette terre maudite, c'est justement parce qu'il ne comprend pas que sa fille est morte et que sa seule chance de revenir à la vie c'est de rester là, de faire face à ceux qui ont voulu l'asservir : « Je suis une morte et je ne sais pas encore ce qui me ramènera à la vie. [...] Mais si je quitte la ferme maintenant, je partirai vaincue et j'aurai dans la bouche le goût de cette défaite pour le restant de mes jours. » (203) Et elle ajoute ce mot terrible : « Je sais que tes intentions sont les meilleures du monde, mais tu n'es pas le guide qu'il me faut, pas au stade où j'en suis. » (204) Le coup porte, il entre dans le cœur du père qui, comme tous les héros tragiques, découvre trop tard qu'il est passé à côté de sa vie, que « l'enseignement n'a jamais été [sa] vocation » (205), et qui prend conscience d'être père lorsque sa fille cesse d'être un enfant : « Lucy me dit que je ne peux pas être père pour toujours. Je ne peux m'imaginer, dans cette vie, n'être pas le père de Lucy. » (205) Lurie ne fera jamais le lien entre l'échec de ses deux vocations, de père et de professeur, car ce qui a manqué à l'un et l'autre c'est ce qui lui a manqué pour réaliser son projet de composition musicale : « Il y a comme une malformation dans la conception même, quelque chose qui ne vient pas du cœur. » (227) Quand il vient présenter ses excuses à la famille de l'étudiante, il dit au père : « Les choses auraient pu prendre une autre tournure entre elle et moi, malgré l'écart d'âge. Mais il y a quelque chose que je n'ai pas été capable de donner, quelque chose — il cherche le mot — quelque chose de lyrique. C'est la dimension lyrique qui me manquait. » (216) Non, Lurie n'est pas un salaud, c'est seulement quelqu'un qui se méfie du lyrisme ou en est incapable ! Dit crûment : il n'aimait pas l'étudiante, il voulait la posséder. Le père n'est pas dupe, et il a bien raison, car quelques instants après ce grand repentir, le professeur, sans doute encore en grande panne de lyrisme, est prêt à sauter la jeune sœur de l'étudiante. Lurie n'est pas tant au service d'Éros que prisonnier de son désir animal, d'une culture qui non seulement ne lui permet pas de sublimer ce désir mais qui au contraire fait de la sublimation une névrose à combattre.

6 La perversion théorisée

Des deux sortes de fautes qu'un professeur peut commettre (qu'il n'éveille pas chez l'élève le désir de lumière ou qu'il l'éveille et le détourne vers lui-même), je crois que la seconde est la plus grave, car dans le premier cas l'infini est sauf, l'élève pourra toujours trouver ailleurs l'occasion de le découvrir, de découvrir son âme (la partie de lui-même qui aspire à se dépasser, à ne pas mourir) alors que dans le second il risque de ne jamais pouvoir se détacher de celui qui s'est substitué à l'infini qu'il avait réussi à éveiller. C'est dans cette inversion, « confusion du fini et de l'infini[1] » dont parle Broch, que se situe le mal, car la non-valeur, c'est de rompre ou pervertir cette « aspiration à l'absolu [qui est] la qualité déterminante de tout système de valeurs[2] », « c'est le fait de tourner l'exigence éthique infinie dans le sens d'une morale finie[3] », ici une morale de la libération sexuelle, de l'intégrité du moi, etc. Chaque fois qu'un but infini est confondu ou réduit à un but fini, c'en est fait du désir de connaissance et d'amour. C'est pourquoi Steiner considère que « le mauvais enseignement est métaphoriquement un péché contre l'Esprit-Saint », péché qui n'a plus rien de métaphorique quand il y a exploitation sexuelle : « S'il est dans la maîtrise, le pédagogique, un "péché contre l'Esprit-Saint", c'est bien dans l'exploitation sexuelle de l'élève en échange d'une recommandation ou d'un avancement. Que cet échange puisse être initié par la victime, qu'espoir et calcul se mêlent dans les faveurs

---

1. Broch, *Création littéraire et connaissance,* p. 362.

2. *Ibid.,* p. 351.

3. *Ibid.,* p. 355.

sexuelles offertes en situation d'enseignement, ne fait que rendre le troc plus laid encore[4]. »

De la même manière, explique Broch, « la littérature amoureuse culbute dans la pornographie là où le système de valeurs érotique se dogmatise et transforme la littérature en un art de tendance érotique. Le but infini de l'amour est inverti en un but fini et l'irrationalité des événements est ramenée dans le fini, devient une série d'actes sexuels rationnels[5] ». Autre exemple de cette inversion : l'artiste qui ne fait pas de l'œuvre une façon de dépasser la mort, « celui qui travaille pour le bel effet, celui qui cherche seulement cette satisfaction affective, ce relâchement momentané de son oppression que lui procure la beauté », celui-là est un « réprouvé éthique, il est le criminel qui veut le mal radical[6] ». La culture hédoniste et esthétisante, qui est celle de Rémi et des deux David, culture occidentale dominante de l'après-guerre, ne repose pas, à son plus haut niveau, sur l'apologie bête et simpliste du plaisir et de la beauté, elle est plus pernicieuse, plus dangereuse, car elle s'annexe, pervertit, mime la beauté, l'amour, la prière, tout ce qui vise à nous libérer de l'esclavage de la mort, de cette peur de la mort dans laquelle s'enracine toute forme d'esclavage, et empêche ainsi le « saut » entre le sexuel et le spirituel, la forme et le sens, le moi et le non-moi. René Girard montre dans *Mensonge romantique et vérité romanesque* que « les hommes du désir triangulaire ne croient plus mais sont incapables de se passer de transcendance[7] » de sorte qu'ils font dévier la transcendance vers l'humain. Kepesh, qui se croit libéré de tout en imitant le désir de tous, illustre parfaitement cette tentation d'un moi pur, déta-

4. Steiner, *Maîtres et Disciples,* p. 145.

5. Broch, *Création littéraire et connaissance,* p. 359-360.

6. *Ibid.,* p. 364.

7. René Girard, *Mensonge romantique et vérité romanesque,* Paris, Hachette, coll. « Pluriel », 1985, p. 83.

ché de Dieu et des hommes, capable de tenir tête à la mort par la sacralisation de la sexualité :

> Quand on vit chaste, sans sexe, comment supporter les défaites, les compromis, les frustrations de l'existence ? En gagnant plus d'argent, toujours plus ? En faisant des enfants ? Ça aide, mais c'est loin de valoir la Chose. Parce que la Chose a élu domicile dans ton être physique, dans la chair qui naît, la chair qui meurt. Parce que c'est seulement quand tu baises que tu prends ta revanche, ne serait-ce qu'un instant, sur tout ce que tu détestes et qui te tient en échec dans la vie. C'est là que tu es le plus purement vivant, le plus purement toi-même. Ce n'est pas le sexe qui corrompt l'homme, c'est tout le reste. Le sexe ne se borne pas à une friction, à un plaisir épidémique. C'est aussi une revanche sur la mort. Ne l'oublie jamais. Non, le sexe n'a pas un pouvoir illimité, je connais très bien ses limites. Mais dis-moi, tu en connais, un pouvoir plus grand[8] ?

Contrairement à ce que pense Kepesh, c'est quand il reconnaîtra que les limites du sexe tiennent au fait que « la baise elle-même n'arrive pas à rester pure, stérile » qu'il en découvrira le vrai pouvoir, celui de le mettre en relation avec « la Chose », qui est en lui et n'est pas lui, cette « chose réelle au-delà des apparences[9] » que révèle toute expérience véritable de l'être, beauté du crépuscule du Sussex ou souffrance d'une femme qui va mourir. Aussi longtemps que Kepesh et Lurie sacralisent le sexe ou le banalisent, ils restent prisonniers du mensonge romantique d'auto-divination : « On a une intégrité de départ [...] on est tout d'une pièce » (Kepesh), on n'obéit qu'« au dieu qui fait vibrer les petits oiseaux » (Lurie). Ainsi la sexualité, expérience irrationnelle dans laquelle deux

---

8. Roth, *La Bête qui meurt,* p. 67-68.
9. Woolf, *Instants de vie,* p. 78.

êtres éprouvent ce qui les relie à l'univers, à l'être, devient une opération mécanique, quelque chose qui commence et finit dans une baise qu'on voudrait pure de tout sentiment, qui finit et se répète dans le corps réduit à un objet qu'il faut bien entretenir (« lubrifier » disait Lurie pour définir son approche de l'étudiante) et bien connaître pour en tirer le maximum, le plus longtemps possible. De même, l'art pour l'« esthète radical » n'a pas pour fonction, comme le voulait Tarkovski, « de préparer l'homme à sa mort, de labourer et d'irriguer son âme, et de la rendre capable de se retourner vers le bien[10] », mais vise plutôt « à la satisfaction des instincts par des moyens finis et rationnels », par une « pathétisation du fini jusqu'à la sphère de l'infini[11] ». La beauté ainsi obtenue est une imitation de la beauté qui est donnée à toute chose, à tout être par la lumière infinie qui tombe sur eux, la forme ainsi obtenue n'est plus, comme dans toute création véritable, le monde recréé par une vision, un sens, « la transmutation de la réalité en connaissance[12] », mais un bricolage esthétique qui se substitue au monde et ne cherche pas tant à « éterniser l'être » qu'à nous mettre à l'abri de l'être : « Car la fuite devant la mort qui n'est pas abolition de la mort, cette formalisation du monde qui cependant laisse le monde dépourvu de forme, ne sont aussi qu'une abolition illusoire du temps[13]. »

Le professeur qui couche avec ses élèves pervertit le désir, celui de l'élève et le sien, désir d'apprendre et désir d'aimer qui procèdent d'un même désir de ne pas mourir, en le rabattant sur la beauté et le plaisir, sur le plaisir de la beauté, perçus comme « une revanche sur la mort », comme le dit Kepesh, formule qui cache une grande violence, un immense ressentiment. Incapable de soutenir la tension à l'œuvre dans le

---

10. Andreï Tarkovski, *Le Temps scellé*, Paris, Cahiers du cinéma, 1989, p. 43.

11. Broch, *Création littéraire et connaissance*, p. 364.

12. *Ibid.*, p. 144.

13. *Ibid.*, p. 364.

désir, tension entre le fini et l'infini dont naissent les formes, le professeur choisit « ce relâchement momentané de son oppression que lui procure la beauté[14] ». À l'étudiante qui lui demande quoi faire avec la beauté du crépuscule du Sussex qu'il vient de lui faire découvrir, que faire avec ce désir de créer, de ne pas mourir, qu'un tel mystère, qu'une telle beauté vient d'éveiller en elle, le professeur répond, comme l'un des moi de Virginia Woolf, mais confiant au sexe plutôt qu'au sommeil la tâche de fuir, d'oublier : « Allez, au lit, oublions cela au plus vite. »

Les deux David profitent bien de la culture du plaisir qu'ils rattachent à une libération sexuelle nécessaire (Roth) ou aux droits du désir qui ferait de nous des dieux (Coetzee), mais aucun des deux ne théorise vraiment cette culture ni n'en tire une nouvelle pédagogie. Pour un professeur, qui n'a pas la vocation d'enseigner et enseigne à l'époque de la révolution sexuelle, coucher avec ses étudiants, cela est tout à fait normal puisqu'ayant renoncé à sa tâche de guide, « d'être le serviteur, le courrier de l'essentiel », il se considère, plus ou moins, l'égal de ses élèves et, à ce titre, il n'y a aucune raison qu'il ne profite pas lui aussi de cette révolution, qu'il ne renoue pas lui aussi avec cette divinité qui dormait en lui. Lurie, dans son cours sur Wordsworth, entrevoit le lien nécessaire entre « les limites de la perception sensorielle » et « la lumière qui nous laisse apercevoir l'invisible[15] », mais il ne relie jamais cette perception sensorielle au seul désir sexuel, ni ne justifie d'abord sa « faute » par une intention pédagogique : « Ce que j'ai à dire pour ma défense repose sur les droits du désir », dit-il à sa fille. Bref, Lurie reconnaît que c'était plus fort que lui et qu'il n'y avait rien qui puisse le convaincre de ne pas céder à ce désir. Néanmoins, après avoir reconnu qu'il n'était pas libre d'agir autrement, car à cet instant « c'est un dieu qui

---

14. *Ibid.*

15. Coetzee, *Disgrâce,* p. 32.

agissait à travers [lui] », il ajoute : « Dans toute cette maudite histoire, il y avait quelque chose de généreux qui cherchait à fleurir[16]. » Est-ce à dire que le professeur, dans le demi-viol de son étudiante, voulait peut-être le bien de celle-ci, qu'il y avait dans ce demi-viol un germe d'amour ?

C'est un peu la thèse que défend Jean Larose, dans un texte intitulé « À corps perdu, corps défendant ». Ce texte est sans doute l'un des plus courageux, tordus (pervers) et désespérés consacrés à la question complexe des relations maîtres-disciples. Texte courageux parce que l'auteur s'y met à nu :

> Je pense à ce prêtre dont je servais la messe et qui, après le divin sacrifice, me coinçait contre une table dans la sacristie pour frotter sur moi longtemps son membre. Sous sa caresse, il m'ôtait Dieu en échange de lui. Comme il m'exilait du monde en m'enveloppant dans sa robe ! Mon étouffement, mon angoisse ! pendant qu'il me retenait d'autorité par l'oreille, cruellement pincée, ignorant mes plaintes ou peut-être s'excitant de mes supplications qu'il me laisse partir. En me violant, il me damnait[17].

En un paragraphe, tout est dit : l'humiliation de l'enfant, la rupture du lien de confiance avec Dieu et le monde, qui le condamne à vivre seul dans un univers hostile. Après l'aveu de ce qu'il qualifie de viol, l'auteur rattache implicitement ce viol à la séduction pédagogique (« Nul n'est séducteur s'il n'a d'abord été séduit. Jadis le maître a lui-même porté la robe prétexte, frangée de sang frais, il a excité la main fouilleuse d'un maître passionné par sa matière »), d'une part en reconnaissant avoir couché avec certains de ses professeurs, sans les

---

16. *Ibid.,* p. 115.

17. Jean Larose, « À corps perdu, corps défendant », dans *Spirale,* n° 200, janvier-février 2005, p. 71-73. Toutes les citations de Jean Larose sont tirées de ce texte.

désigner, il est vrai, comme tels (« Pas un des huit ou neuf adultes qui ont vaguement couché avec moi quand j'étais mineur »), et d'autre part en décrivant, sans jamais s'identifier explicitement à lui, le « maître qui pense faire de la désublimation un principe pédagogique », « le maître vagissant dans le trou qu'il fait au disciple » et qui « cède à corps perdu à la vérité sexuelle ». Texte tordu parce que la langue s'obscurcit, s'embrouille, s'enivre dès qu'elle s'approche d'une vérité qu'il serait difficile d'entendre si elle était dite crûment, comme dans le court récit du viol de l'auteur dans la sacristie, mais surtout parce que cette vérité y est constamment affirmée et niée, rabattue sur son contraire, manifestant ainsi, plus que toute autre forme d'analyse, l'impasse et le désespoir liés à l'impossibilité, comme l'écrit Vadeboncoeur, de savoir quoi faire en l'absence de valeurs : « Entretenir une pensée sur des valeurs immuables est à l'opposé de la postmodernité. Ce sont des absolus, le bien, la vérité, l'être, figures non pas abstraites mais réalités souveraines et sur lesquelles le cœur comme l'esprit peuvent revenir indéfiniment[18]. » Sans ces absolus, on peut dire et faire à peu près n'importe quoi ; le relativisme généralisé « ouvre la porte à des pensées où il ne reste plus rien. [...] Cela finit dans un désert où n'importe quoi peut sembler aller de soi[19] ».

Après avoir constaté, comme beaucoup d'autres, l'effondrement de la culture traditionnelle provoqué par la perte de la sublimation, « mécanisme de création et de l'enseignement de la culture », et de la difficulté d'enseigner à des jeunes qui ne détournent plus leurs pulsions sexuelles vers quelque objet de connaissance ou de beauté, Larose se demande s'il n'est pas possible d'ériger une nouvelle culture sur « le principe de la satisfaction directe de la pulsion sexuelle », dans laquelle « l'imagination du présent devient pensable si une certaine

---

18. Vadeboncoeur, *La Clef de voûte*, p. 112.

19. *Ibid.*, p. 91.

limite est abolie, comme dans l'ivresse alcoolique ou l'hallu-cination narcotique ». La réponse, selon lui, est oui, mais pour cela il faut savoir renoncer aux « vieilles névroses obsession-nelles », au refoulement platonique, il faut avoir « la foi qui crée » et ne pas craindre de risquer la pensée elle-même, au lieu de s'enfermer avec elle à l'intérieur des limites qu'elle-même a mises en place ; il faut jeter la pensée en pâture au désir sexuel, la ramener à son véritable objet dont la culture antérieure l'avait détournée. Citant « le mot lapidaire de Georges Bataille » (« Je pense comme une fille enlève sa robe ») et la glose de ce mot par Christian Pringent (« le pro-fesseur dit la chute de ta robe est comme ma pensée ma pen-sée tombe avec ta robe »), Larose affirme qu'« enseigner à penser est enseigner le risque de penser comme on désire ». Ainsi l'essayiste, tout en déplorant « la perte, ou le dévoie-ment, dans l'éducation, de ce procédé d'économie que Freud appela sublimation », se demande si la perte est si grande : « Devons-nous vraiment regretter l'ancien étudiant, qui après tout était un attardé sexuel, en bonne voie de névrose obses-sionnelle et de misogynie chronique à force de frustration, de refoulement platonique, de culpabilité ? »

Larose va donc plaider pour « une culture sans sublima-tion (objet à peine pensable) [que] serait une culture dési-reuse d'accueillir ce qui jusqu'alors devait être forclos pour parer à la psychose ». Mais, attention, il ne faut pas trouver bêtement dans cette nouvelle culture une simple occasion de jouir, il faut quand même redonner à cette pensée, à cette nou-velle forme de « penser comme on désire », un minimum de contrainte, de souffrance, d'inachèvement qui puisse la tendre (bander) indéfiniment, car « céder à corps perdu à la vérité sexuelle, comme à une divinité révélée, pourrait bien ne sou-lever la robe de la fille que pour y enchaîner la pensée à un destin de corps perdu ». Pour ne pas que cette nouvelle révo-lution avorte, il faut « continuer à penser le désir de sa libéra-tion, à désirer la pensée de sa libération », il ne faut pas qu'on « s'arrête pour en jouir et la posséder directement ». Autrement dit, il ne faut pas confondre le sexe et l'éros, le sexe étant la simple satisfaction de l'instinct alors que l'éros c'est « le désirable manque en soi du tiers qui inspire le désir ».

Bel exemple de pensée tordue : on nous dit qu'il faut remettre la pensée dans le corps et que le meilleur moyen pour cela c'est le sexe, mais qu'il ne faudrait pas — tiens, tiens! — trop jouir de cette pensée enfin incarnée, car elle nous détournerait de ce qui nous manque vraiment. Qu'est-ce à dire, sinon peut-être que l'objet même du désir n'est pas nécessairement et exclusivement (d'abord) sexuel ? Mais alors pourquoi avoir recours à une culture de la désublimation ? Est-il possible que la sublimation ne soit pas ce qu'on pense, que ce ne soit pas le désir sexuel qui soit détourné (sublimé) vers un désir de connaissance et d'amour, mais le désir de connaissance et d'amour (désir d'infini) qui soit détourné vers le désir sexuel parce qu'insupportable, parce que faisant éclater le moi en l'élargissant ? Quand Kepesh se masturbe en jouant du Beethoven ou du Mozart parce qu'il ne peut chasser l'image des seins de son étudiante, n'est-ce pas plutôt la beauté de la musique, et celle de l'étudiante, qui est alors désublimée, détournée, refoulée dans le sexuel, le désir insupportable de l'infini auquel la beauté le renvoie dont il se soulage momentanément dans l'orgasme ? Bien sûr, on peut toujours dire que si la musique de Beethoven est du sexuel sublimé ou que la beauté de l'étudiante est purement formelle, physique, se masturber à leur contact les ramène en quelque sorte à leur source et tout le monde est content, la boucle est bouclée. Mais ce n'est pas ce que nous dit Larose, d'où l'aspect désespéré de sa confession, car il sait très bien que la désublimation pas plus que la sublimation ne met fin au désir. Celui qui se libère de sa névrose (désir sexuel refoulé, sublimé) mais s'arrête en chemin, pour jouir de cette vérité sexuelle, s'enferme, dit Larose, dans « une nouvelle tyrannie étrange et plus difficile à vaincre que la précédente d'être si éclatante de liberté ». On ne peut mieux décrire l'illusion d'un Kepesh qui confond la liberté avec l'absence de contraintes, l'absence de limites

avec l'infini, ce qui est la définition même du mal selon Weil :
« Le mal est l'illimité, mais il n'est pas infini[20]. » Cette impasse
est semblable à celle du chercheur spirituel qui, après s'être
dépouillé de tous les désirs, ne peut se libérer de son désir
d'affranchissement, reste prisonnier de la conscience qu'il a
de s'être pour ainsi dire lui-même libéré. Comment échapper
à cette tentation d'autodivination, se libérer de cet ego très
subtil ? C'est à ce moment que l'ascète a le plus besoin d'un
maître, de quelqu'un qui a su renoncer à son désir de liberté
en se mettant au service des autres et du coup est entré en
contact avec l'être. Comme l'écrit Vadeboncoeur, il nous faut
imaginer une autre forme de liberté « qui trouve sa perfection
dans l'obéissance ».

Dans la culture du plaisir ou de la désublimation, du sans
limite confondu avec l'infini, la difficulté vient du fait qu'il n'y
a pas de maître, car « le maître, écrit Larose, se reconnaît dans
certaines démarches de filles trop libres, à leur pas ivre de vivre
qui court à l'abîme », « maître, il est encore moins libre que
ces ventres de filles où l'avenir acclame — sonnant les
chaînes — un libérateur ». Ainsi donc celui qui a entrepris de
penser et d'enseigner « à penser comme une fille enlève sa
robe » s'est peut-être libéré sexuellement mais ne sait plus que
faire de cette liberté, n'est pas plus libre qu'avant, l'est d'ailleurs encore moins, comme le remarque justement Larose,
d'une part parce qu'il est alors aveuglé par cette pensée « si
éclatante de liberté », d'autre part parce qu'il n'y a plus de robe
à enlever et que si la nudité cache une autre réalité, une autre
pensée, le maître assouvi ne la voit pas ou ne peut plus y avoir
accès par le désir. Pourtant ce maître, très intelligent, n'avait-il
pas distingué éros et sexe ? Quand le maître a amené l'élève
dans son lit pour le libérer de ses inhibitions et l'exposer à
cette pensée sauvage qui fait de nous des dieux (ou des petits
oiseaux), une fois qu'il lui a inculqué le nouvel évangile du

---

20. Weil, *La Pesanteur et la Grâce*, p. 75.

non-savoir, qu'il lui a appris que « le savoir aujourd'hui a lieu sur une brèche ou sur la crête d'une vague, qu'il est toujours aussi savoir de la brèche et de la crête, et de l'imminence d'un non-savoir » (Jean-Luc Nancy, cité par Jean Larose), il ne sait plus que faire. Pourquoi ne pas se retourner vers ce bon vieil éros qui est « le désirable manque en soi du tiers qui inspire le désir », pourquoi ne pas reconnaître dans son propre désir et dans le désir de l'élève un mouvement vers l'être, vers l'autre, dirait Lévinas, un désir amoureux de l'être que le seul plaisir sexuel ne peut combler ? Autrement dit, pourquoi cette relation entre le maître et l'élève ne pourrait-elle pas devenir une relation d'amour ? Selon Larose, ce serait la pire erreur, surtout pour l'élève, car « s'il aime et s'abandonne, croyant ainsi s'emparer de *la chose même,* le tiers objet perd sa vertu médiatrice et la transmission de connaissance, toute sublimation abolie, de libération devient plutôt but atteint et oppression d'une nouvelle ignorance. » Et nous voici, après la condamnation de la liberté illusoire de tous ceux qui se croient libérés parce qu'ils ont couché avec leurs élèves, de retour au rêve de Kepesh de garder « la baise pure, stérile », cette fois non pas au nom du plaisir mais du savoir ultime du non-savoir.

La révélation du non-savoir, voilà la pierre sur laquelle se fonde le nouvel évangile, le lit dans lequel la nouvelle pensée désublimée fait son nid. Puisqu'il n'y a pas d'autre savoir que « l'imminence d'un non-savoir », que la pensée ne peut être que « pensée dérobée » (Nancy), il ne faut surtout pas laisser l'élève croire en la possibilité d'aimer et de connaître, c'est-à-dire de s'identifier, comme dit Broch, à ce qui le dépasse, au non-moi du cosmos. Le professeur doit donc détruire systématiquement, courageusement chez l'élève tout mouvement amoureux de crainte de ne pouvoir y répondre ou de crainte que l'élève s'y installe comme dans le plaisir sexuel : si l'élève est aimé par le professeur (qui le baise), il risque de confondre le professeur et la connaissance, de prendre le messager pour le message, erreur d'autant plus grande que le messager n'a pas d'autre message à transmettre que l'impossibilité de connaître et d'aimer. Tout ceci est d'une logique irréprochable, mais le lecteur se demande naïvement tout à coup : pourquoi avoir amené l'élève au lit s'il s'agissait tout simplement de lui faire prendre conscience de l'impossibilité de s'approcher davantage de « la chose même », de la chose que manifeste et cache le crépuscule du Sussex ? Pourquoi le professeur s'est-il substitué dans un premier temps au crépuscule, en faisant miroiter à l'élève la connaissance de « la Chose qui a élu domicile dans ton être physique » (Roth) : « Aux rayons de son couchant, écrit Larose, le maître voit friser les vibrations que soulève son éloquence à la surface des peaux ventriloques. [...] Oui, de cette bande de ventre que dénude la mode montent des voix » ? Pourquoi ce piège, pourquoi avoir déshabillé l'élève si c'est pour lui dire, après coup, d'aller se rhabiller ? Pourquoi avoir éveillé sur les ventres nus « mille voix sourdes de pensées liées sans fin aux désirs de penser » si c'est pour les congédier aussitôt ou les replonger dans l'obscurité d'un soliloque ? Pourquoi encourager l'élève à croire qu'il pourra « s'emparer de *la chose même* » en couchant avec son professeur ? Réponse de Larose : « Le moyen est mauvais, faux le raccourci qui fait croire au jeune séducteur [admirons l'inversion : le professeur a l'éloquence mais c'est l'élève qui séduit] comme au maître affolé qu'au lit on peut s'emparer de la connaissance d'un coup, la gober d'un trou [...]. Et cependant parce que penser naît du même élan qu'aimer, la passion est peut-être la relation humaine où l'échange psychique soit le plus formateur. » Autre exemple de pensée tordue : l'éros, l'amour, l'échange psychique (qui peuvent très bien, ça va de soi, cohabiter avec la passion, le désir sexuel) sont de bien bonnes choses, en elles s'enracine l'élan de la pensée, mais il faudrait interrompre cet élan après l'avoir initié, dissocier le sexuel du spirituel une fois le sexuel comblé, il ne faudrait pas que l'élève tombe dans le piège grossier que le professeur lui tend en l'invitant dans son lit et qu'il se mette à croire à la possibilité d'aimer et de connaître sans fin, de s'accomplir dans cette tension sans fin entre le fini et l'infini. Si l'élève tombe dans le piège de l'espoir (de l'amour), c'est que le professeur s'est trompé, que son élève le déçoit, que l'élève n'était pas vraiment attiré par le désir de connaissance que l'éloquence du maître avait suscité (allumé dans son ventre), mais que ce n'était qu'un « jeune séducteur » qui l'a piégé. Ce serait ce refus de l'amour qui ferait du professeur un être héroïque, qui se sacrifie pour que l'élève comprenne que ce n'est pas lui qui pourra lui révéler ou lui donner « la chose même » : « Dans la passion, on risque aussi sa mort. Nulle part le maître n'est davantage réduit à l'aveu nu de ce qui lui fait défaut pour être vraiment ce maître que désira le disciple. […] Le maître vagissant dans le trou qu'il fait au disciple ne pense pas comme une fille qui enlève sa robe, il se dépense comme un homme nu qu'une fille désire mort. » Ainsi s'achève l'inversion, c'est le maître, celui qui a le pouvoir, qui est désormais presque violé, c'est le prêtre qui a violé l'enfant dans la sacristie qui est maintenant la victime de l'enfant.

Rendu là, on comprend ce qu'est le manque de lyrisme que Lurie confesse, son érotisme abstrait avec la prostituée (« l'un et l'autre s'absorbent dans une rencontre prolongée, qui reste plutôt abstraite, sèche, même au comble de l'ardeur[21] »), de quel Éros il se dit le serviteur quand il a presque violé son étudiante (« J'étais au service d'Éros »), et on lui sait gré de ne pas avoir trop développé, théorisé ce « quelque chose de généreux qui cherchait à fleurir dans toute cette maudite histoire ». Rendu là, on regrette un peu la franchise brutale du professeur Kepesh qui voit dans la révolution sexuelle l'occasion de s'offrir enfin du bon temps, de rattraper le temps perdu, le temps qui lui a été volé par une culture puritaine. Rendu là, on se dit que le courage, c'est de reconnaître sa faute, sa faiblesse, sans la tordre pour lui donner l'allure désespérée d'un sacrifice héroïque.

21. Coetzee, *Disgrâce*, p. 9.

7 Le traître infini

Je ne doute pas de la souffrance du professeur décrit par Larose, enchaîné en lui-même par le désir d'être libre, victime de la révolution sexuelle, mis à mort par un désir, le sien et celui de l'élève, qui privé « du possible transcendant » reflue en lui-même, pur et stérile, condamné à se mordre la queue, pourrait-on dire en un mauvais jeu de mots. Le désir piégé dans « la transcendance déviée » ne peut plus, faute de distance instaurée par la tension vers l'autre, s'accomplir dans l'amour ou dans une œuvre. Une telle souffrance, quand elle n'est pas un simple effet de rhétorique, procède de « cette poursuite folle où chacun s'efforce de voler à son voisin une divinité fantôme » et débouche dans le désir de mourir : « Désirer son néant, c'est se désirer au point le plus faible de son humanité, c'est se désirer mortel, c'est se désirer mort[1]. » On peut rapprocher cette souffrance de celle des drogués qui ne peuvent plus sortir de l'enfer dans lequel les a menés la promesse d'un autre monde plus beau, plus vrai, plus libre auquel on accéderait une fois débarrassé des contraintes, des limites qui bloquaient « les portes de la perception » : « Si les portes de la perception, écrit William Blake, étaient nettoyées, toute chose apparaîtrait à l'homme telle qu'elle est, infinie[2]. »

Le désir « désublimé », propre à la culture du plaisir et de la consommation, fait du sexe une drogue qui dans un premier temps élargit violemment le moi, en lui redonnant la mobilité vertigineuse de ce qui n'a plus et n'a pas encore de

---

1. Girard, *Mensonge romantique et vérité romanesque,* p. 309.

2. William Blake, cité par Aldous Huxley, *Les Portes de la perception,* Paris, Éditions Du Rocher, coll. « 10/18 », 1954, p. 1.

forme, jusqu'à ce que cette absence de limites devienne le pire cauchemar : la fixité dans un monde sans dehors, l'impossibilité de mourir qui, contrairement à la promesse d'immortalité de ce qui est en constante métamorphose, est l'état d'un sujet rejeté en dehors de la vie, hors du temps, incapable d'être remis en mouvement par la dialectique du fini et de l'infini. Car ce que promet et permet momentanément la drogue ou le sexe débarrassé de l'éros, la « baise pure et stérile », c'est de se tenir seul au seuil de l'être, de voir ce que Larose appelle l'« imagination du présent » et Huxley l'« existence dans sa nudité » : « Je voyais ce qu'Adam avait vu le matin de la création — le miracle, d'instant en instant, de l'existence dans sa nudité[3]. » Le danger pour ce nouvel Adam, c'est de regarder le monde comme une pure éventualité, de jouir du sentiment de toute-puissance que procure un pouvoir qui ne s'exerce pas : tout est possible, tout reste possible aussi longtemps que le monde ne commence pas vraiment, qu'il est un désir qui ne se réalise pas, qu'il reste « pur et stérile ». Artaud a très bien décrit comment ce désir d'être « sauf de toute pensée qui trempe dans les phénomènes [le] laisse à [son] immortelle impuissance[4] », « désir d'un suicide antérieur, d'un suicide qui nous ferait rebrousser chemin, mais de l'autre coté de l'existence, et non pas du coté de la mort[5] », bref comment « cet appétit de ne pas être[6] », tout en se tenant « pantelant comme à la porte même de la vie[7] », finit par être « une fatigue de commencement du monde[8] », fatigue d'un monde qui se refuse à commencer, fatigue qui entraîne « la décorporisation

---

3. Huxley, *Les Portes de la perception*, p. 19.

4. Antonin Artaud, *L'Ombilic des limbes*, Paris, Gallimard, coll. « Poésie/Gallimard », 1968, p. 122.

5. *Ibid.*, p. 198.

6. *Ibid.*

7. *Ibid.*, p. 41.

8. *Ibid.*, p. 62.

de la réalité[9] ». Celui « qui pense comme une fille enlève sa robe » (Bataille), pour qui « penser c'est de ne pas sentir en soi de trou capital[10] », ou qui dérègle ses sens par la consommation d'un hallucinogène quelconque, celui-là fait l'expérience du « traître infini » que décrit Henri Michaux :

> L'homme est un enfant qui a mis une vie à se restreindre, à se limiter, à s'éprouver, à se voir limité, à s'accepter. Adulte, il y est parvenu, presque parvenu [...]. Celui qui par la chimie traîtresse dans son corps en état d'exception, dans un au-delà de tout, un au-delà des religions, est dépouillé de toutes les superstructures, des imageries, des intermédiaires (anges ou saints et naturellement prêtres et représentants sacerdotaux) est perdu dans un infini, infiniment dérangeant, un infini sans retour [...], un infini sans issue, qui ne veut pas laisser repartir pour le fini, pour le défini, pour l'arrondi du défini, d'un définissable, du définitif, un traître infini qui rend tout fini inaccessible, et soi et le monde et les autres hommes inaccessibles[11].

Il n'y a sans doute pas solitude et détresse plus grandes que celles de l'être qui n'a même plus accès à son propre corps ou à une quelconque communauté pour pouvoir y souffrir, pour pouvoir faire de la souffrance et de la solitude quelque chose qui, se passant en un lieu et un temps déterminés, est donc susceptible de finir ou de se transformer. Celui qui a fait du sexe, de la drogue, de la pensée des façons d'échapper aux limites qui lui étaient imposées par des règles, des lois, des valeurs défendues paradoxalement par ceux qui se référaient à la transcendance, celui qui croyait ainsi en finir avec l'infini

---

9. *Ibid.*, p. 63.

10. *Ibid.*, p. 70.

11. Henri Michaux, *Les Grandes Épreuves de l'esprit*, Paris, Gallimard, coll. « Le point du jour », 1966, p. 147-148.

ou pouvoir le rapatrier dans le fini, se retrouve dans la position insoutenable de continuer à désirer sans désir, « comme un junkie qui n'a plus de veine[12] ».

Comment sortir de cet enfer ? Comment sortir d'une relation sans altérité, qui n'ayant plus aucune autre fin qu'elle-même enferme le professeur et l'élève dans la dialectique du maître et de l'esclave, dans une sorte de haine semblable au corps à corps meurtrier qui soude et déchire un couple de drogués en manque ? En effet, l'élève, qui est allé vers le maître pour qu'il l'élève au-dessus de lui-même (désir d'être autre, plus grand) et qui se voit réduit à un objet de plaisir, va inévitablement vouer à ce maître une haine d'autant plus grande qu'elle ne peut s'exprimer. D'autre part, le maître qui a vu, dans le désir de l'élève, son propre désir de connaissance rajeuni, ravivé, ne peut qu'en vouloir à l'élève de lui avoir cédé et d'avoir ainsi saboté l'occasion de recommencer à désirer, d'avoir crevé son moi subitement gonflé par le spectacle de la beauté, comme disait Woolf : « Les champs sont mouchetés, marbrés, nos perceptions se gonflent rapidement, comme des ballons remplis d'air, et puis, lorsque tout semble plein et tendu à souhait par tant de beauté, de beauté et encore de beauté, il y a un coup d'épingle et tout se dégonfle[13]. » Tous deux se retrouvent dans la situation du drogué qui a vu son moi s'élargir aux dimensions de l'univers (« impression de prolongation sans fin, d'extension indéfinie, de perpétuité, d'immortalité[14] ») et qui ne peut revenir sur terre dans son corps pour éprouver à nouveau la magie banale de « l'existence dans sa nudité », ou retombe platement dans la réalité d'un désir assouvi. Que faire « quand il n'est plus question de plaisirs, de surprises, ni même de découvertes, que faire alors ?

12. Emmanuelle Turgeon, *Les Beaux Survivants,* Montréal, Lanctôt, 1998, p. 56.

13. Woolf, « Le Sussex au crépuscule », p. 80.

14. Michaux, *Les Grandes Épreuves de l'esprit,* p. 145.

Que faire lorsque vous êtes dépassé[15] ? ». La réponse est dans la question qu'Huxley pose au nouvel Adam créé par la mescaline :

> On se contenterait simplement de regarder, d'être le divin non-moi de la fleur, du livre, du fauteuil, de la flanelle. Cela suffirait. Mais, dans ce cas, qu'adviendrait-il d'autrui ? Qu'adviendrait-il des rapports humains ? […] Comment pouvait-on concilier cette félicité intemporelle de voir comme il faudrait voir, avec les devoirs temporels de faire ce qu'il faudrait faire et de sentir comme il faudrait sentir ? Il faudrait pouvoir, disais-je, voir ce pantalon comme infiniment important, et les êtres humains comme encore infiniment plus importants[16].

Cette réponse rejoint celle de Michaux, de Broch, de tous ceux, croyants ou non, drogués ou non, qui ont découvert un jour que la seule relation possible avec ce qui nous dépasse n'est ni la négation ni la subversion, mais l'abandon, le don : « Le don de soi est le secret pour traverser l'affolant[17]. » Pour que ce don existe, qu'il ait le pouvoir de remettre le professeur et l'élève en contact avec ce qui les dépasse et les a réunis dans un désir commun de connaissance, d'amour et de beauté, il faut que le professeur s'efface, se retire, qu'il mette fin à la relation sexuelle avec l'élève ou mieux qu'il s'abstienne d'une telle relation, à moins que cette relation soit une vraie relation amoureuse et que le professeur et l'élève deviennent un couple, entreprise périlleuse mais possible, et sans doute d'autant plus possible qu'elle se sera réalisée après la relation pédagogique. Car, faut-il le répéter, tirer de la relation sexuelle entre professeur et élève une pédagogie de la déception (cou-

---

15. *Ibid.*, p. 190.

16. Huxley, *Les Portes de la perception*, p. 33-34.

17. Michaux, *Les Grandes Épreuves de l'esprit*, p. 195.

cher avec son élève pour le décevoir, pour qu'il se rende compte que le professeur n'est pas Dieu) est une erreur semblable à celle qui consisterait à frapper quelqu'un pour lui apprendre à se défendre, à lui mentir pour lui apprendre à se méfier. La confiance et non la suspicion, l'admiration et non la déception, la vérité et non l'erreur, sont les principes mêmes de tout enseignement, et c'est pourquoi on enseigne toujours par l'exemple, en proposant à l'élève (et en même temps à soi-même) ce qui le dépasse : les œuvres, les formes, les pensées les plus exigeantes, celles qui nous inspirent, nous aspirent vers la plus grande connaissance de l'être. Quelqu'un qui ne lit pas ou ne lit que des œuvres médiocres ne pourra jamais faire de l'écriture ou de la lecture une découverte du réel. Quelqu'un qui a appris à se méfier de tout et de tous se conforme au terrorisme de la pensée critique qui règne aujourd'hui dans l'étude des sciences humaines et des lettres et qui consiste à tout suspecter, à discréditer la possibilité même de penser, de créer :

> La parole a été retirée à l'auteur par l'application sommaire
> — et surtout intéressée — d'une triple objection, issue d'une
> vulgate psychanalytique, linguistique, philosophique. Intéressée ? Oui, à faire disparaître ce bastion de pensée résistante
> qui subsiste dans la littérature. Objection psychanalytique :
> ça pense où tu crois penser. Objection linguistique : le fonctionnement du langage échappe à la volonté du locuteur.
> Objection philosophique : la figure de l'auteur est une survivance logocentriste d'une métaphysique de la création[18].

« Éduquer la jeunesse, c'est lui insinuer le génie de rompre avec le mensonge social », écrit Larose en se référant à la maïeutique socratique qui « déroute l'identité d'un jeune

---

18. Danièle Sallenave, *À quoi sert la littérature ?*, Paris, Textuel, coll. « Conversations pour demain », 1997, p. 90-91.

citoyen en l'entraînant à lutter contre la manière dont le langage ordinaire ensorcelle son intelligence ». Loin de moi l'idée de contester la nécessité de la pensée critique, mais si la pensée n'était formée que pour et par cet exercice, elle ne pourrait jamais « sauter » dans l'inconnu, s'abandonner au mystère, condition pour créer, aimer, connaître, et même critiquer, car d'où pouvons-nous voir le mensonge si ce n'est de la vérité entrevue, pressentie, désirée ? Réduire l'enseignement de Socrate à la seule critique du mensonge social, c'est ignorer qu'un de ses disciples s'appelait Platon. Il y a un lien entre la culture du plaisir et cette conception de la pensée qui serait exclusivement critique, une pensée qui ne pourrait découvrir le réel qu'en prenant soin de le réduire à une définition préalable ou en niant carrément toute possibilité de le connaître, comme si pour bien jouir du monde, il fallait en nier le mystère, s'en tenir rigoureusement à « l'heure d'épilogue, de postface », comme dit Steiner.

Que des professeurs profitent d'une révolution culturelle pour rattraper les plaisirs dérobés par des années d'inhibition — un peu comme les soldats profitent de la guerre pour violer —, on ne peut que le déplorer et la plupart des « délinquants », comme Kepesh, un jour ou l'autre peuvent reconnaître publiquement ou intérieurement leur faute. Mais il est plus difficile de le faire quand cette faute se donne des assises théoriques, est rattachée au processus même d'apprentissage. Enseigner que la pensée ne peut se reposer dans aucun savoir, qu'elle n'est pas possession mais aspiration, que « notre soif de connaître n'est peut-être pas étanchable en raison de l'immensité de l'inconnu[19] », est évidemment juste, mais cette « leçon de non-savoir » dont parle Larose ne doit pas être donnée par la médiocrité du messager qui se dénude devant l'élève, mais au contraire par l'expérience même de sa pensée sans cesse aspirée par l'immensité de l'inconnu et s'inclinant

---

19. Arendt, *Considérations morales,* p. 31-32.

devant elle. L'enseignement du manque ne peut être donné que par le maître qui s'élève vers cette réalité lointaine, visible et invisible, qui s'enfonce dans l'« immensité de l'inconnu », non par une série de déceptions, d'échecs, mais par une suite d'illuminations qui approfondissent les ténèbres, par un surplus d'obscurité d'où jaillit la lumière. La pensée grandit dans l'humilité. Comme l'écrit Edmond Jabès, « je veux m'élever mais au-dessus de moi mon âme s'élève ». La pensée apprendra d'autant mieux « la leçon du non-savoir » qu'elle obéira à son propre désir d'infini, qu'elle croira pouvoir étancher sa soif de connaissance.

Je ne suis pas sûr pour autant que « la pensée ne pense que malgré elle, à son corps défendant[20] », car si elle est ainsi aspirée par ce qui la dépasse, c'est qu'elle pressent que le dehors, que l'immensité du cosmos, ne lui est pas étranger, qu'il y a quelque chose de commun entre ce qui est fini et infini, que ce qui appelle et ce qui répond sont de même nature. Bref, si la beauté et le mystère du crépuscule du Sussex grandissent avec mon désir et mon impossibilité de les dire, c'est que cette impossibilité élargit aussi ma pensée. Cette impossibilité n'a rien à voir avec la pensée critique et encore moins avec le scepticisme qui décréterait que c'est folie de vouloir saisir l'insaisissable ou que ce dernier n'existe pas, rien à voir non plus avec la déception de tel ou tel messager qui a renoncé à la « chose réelle au-delà des apparences ». La pédagogie de la déception ou du désespoir, il faudrait peut-être demander à ceux qui la subissent ce qu'ils en pensent. L'héroïne d'Emmanuelle Turgeon, à qui on a dû rebattre les oreilles avec la théorie du « fond du baril », et qui dit « avoir trop lu Cioran, un philosophe qui décompose avec précision tout ce qui donne un sens à la vie, [qui] a fait en sorte que je me sente

20. Jacques Derrida, *Le Toucher*, cité par Larose, « À corps perdu, corps défendant ».

comme un junkie qui n'a plus de veine[21] », reconnaît simplement, humblement ce qui lui a manqué, ce qui lui manque pour pouvoir vivre dans ce monde, dans son corps : « On dit qu'il faut toucher le fond du baril, mais ce qui importe vraiment, c'est l'accumulation lente et laborieuse de preuves que la vie vaut la peine d'être vécue. Le monde n'est pas si froid quand la confiance te berce avec ses chansons connues[22]. »

Une culture qui, sous prétexte de lucidité ou par peur du lyrisme, se fait un devoir de saper tout espoir de connaissance, de détruire tout rêve, est littéralement une contre-culture, une culture d'assassins, car « un homme sans rêve est un homme mort[23] ». Je ne dis pas que l'héroïne des *Beaux Survivants* est devenue droguée parce qu'elle a trop lu Cioran, ni que le rêve qui permet de vivre est une vision purement idyllique de l'existence. Non, ce qui lui a manqué, c'est la confiance, la capacité de s'abandonner à la vie ou à quelqu'un pour participer à quelque chose qui est en nous et nous dépasse, quelque chose qui est en mouvement, qui passe constamment de la lumière à l'ombre, du désespoir à l'espoir. Le rêve qui permet de vivre, c'est le sentiment d'être soi-même une œuvre, de participer à une œuvre. Ce qui suppose, contrairement à ce qu'affirme la pédagogie de la déception, l'estime de soi : « Socrate choisit, pour engager le dialogue, une question telle qu'elle met en cause l'identité même ou la raison de vivre de l'interlocuteur[24] ». Et Larose d'ajouter : « La maïeutique ne renforce pas "l'estime de soi", mais au contraire déroute l'identité d'un jeune citoyen [...]. »

Nous voici en plein cœur de cette pensée tordue dans laquelle nous avons tous plus ou moins baigné depuis cin-

21. Turgeon, *Les Beaux Survivants*, p. 56.

22. *Ibid.*, p. 71.

23. *Ibid.*, p. 93.

24. Aline Giroux, *Socrate-éros, éducateur*, citée par Jean Larose, « À corps perdu, corps défendant ».

quante ans. Sous prétexte qu'il est dangereux de se figer dans une posture (une opinion, une idée, une idéologie), que le moi est non seulement haïssable mais ennemi de la pensée, nous en sommes venus à promouvoir l'informe, l'inachèvement, l'illimité jusqu'à en faire un principe de formation et de création. S'il est vrai que tout ce qui existe est le fruit d'une tension entre l'informe et la forme, entre le moi et le non-moi, s'il est vrai, comme le dit Artaud, que « le mouvement de l'esprit va du vide vers les formes, et des formes rentre dans le vide, qu'être cultivé c'est brûler des formes pour gagner sa vie », encore faut-il qu'il y ait des formes, qu'il y ait un moi fort, un moi formé par le désir de pouvoir créer une forme, sinon on « déroute », « déstabilise », « déconstruit » ce qui est déjà perdu, instable, larvaire. « Rien au monde ne peut nous enlever le pouvoir de dire je. Rien, sauf l'extrême malheur. Rien n'est pire que l'extrême malheur qui du dehors détruit le je, puisque dès lors on ne peut plus le détruire soi-même[25]. » Bref, pour pouvoir se libérer d'un joug, il faut qu'il y ait un joug. Le rôle du professeur, c'est d'amener l'élève à son moi, à s'éprouver lui-même comme pensée, comme l'un des pôles de la création, c'est l'amener à découvrir le temps et à prendre conscience qu'il est, comme le monde, soumis au rythme de ce qui passe et de ce qui ne passe pas, à développer la capacité de voir dans sa propre vie et le monde ce qui en fait de la musique, une œuvre, un *work in progress,* dont lui et le monde sont à la fois la matière et l'esprit : « Oui, ce qui est juste c'est le regard tranquille quand il est aussi tourné vers le haut, alors sourient dans les objets les visages des dieux. (Voyez le miracle et oubliez-le.) Et ainsi se fait entendre la voix de la divinité : tu peux t'aimer bien. (Si vous n'avez pas de penchant pour vous-mêmes, il vaut mieux être mort[26].) » De

---

25. Weil, *La Pesanteur et la Grâce,* p. 35.

26. Peter Handke, *Par les villages,* Paris, Gallimard, coll. « Le manteau d'Arlequin », 1983, p. 90.

la même manière, Danièle Sallenave croit que la littérature doit ouvrir à l'infini et que la tâche du professeur est

d'associer le lecteur à cette jubilation du livre, de le faire danser au rythme de l'œuvre. C'est un prodigieux exercice : rendre le lecteur sensible aux ruptures, aux trous qui happent l'imaginaire, glacent l'esprit, l'ouvrent à l'infini. Je pense par exemple à Virginia Woolf dans *La Promenade au phare* ; au trou qui sépare les deux parties, d'abord l'image idyllique, la famille, l'espace, les moments fugitifs d'un été glorieux et soudain, une rupture très brutale. Une page blanche, et l'on revient au même lieu. La maison est fermée, les volets sont cassés, l'herbe a poussé. C'est cela qu'il faut faire sentir et aimer, c'est ce changement de rythme[27].

Un bon professeur n'est pas un professeur de désespoir, mais un professeur de musique, quelqu'un qui nous fait passer du bonheur au malheur, du fini à l'infini, et ainsi de suite jusqu'à ce qu'on ne puisse plus distinguer l'espoir du désespoir, jusqu'à ce que le réel soit tout entier contenu dans le passage de l'un à l'autre, dans la conscience de la mort et le rêve de ne pas mourir, dans ce mouvement qui est au fond la vie elle-même et qui rythme aussi bien l'écoulement du temps que les aller-retour de l'être entre le moi et le non-moi. Le bon maître peut s'installer dans le doute mais jamais dans la négation, car il obéit au mouvement de la pensée qui, ne pouvant penser sa mort, consent cependant à disparaître, comme si la mort était « un pays au bout de la confiance[28] ». C'est pourquoi Sallenave inscrit la pédagogie (celle, par exemple, du *creative reading*) sous le signe de la confiance, loin « des herméneutiques du soupçon » et, je dirais, loin de la

---

27. Sallenave, *À quoi sert la littérature ?*, p. 73-74.

28. Gabrielle Roy, *La Route d'Altamont*, Montréal, HMH, coll. « L'arbre », p. 223.

maïeutique socratique telle que vue par Aline Giroux et reprise par Larose : « L'arsenal des interrogations, les détours de l'ironie, le choc des apories et le jeu des réfutations logiques sont autant de moyens thérapeutiques servant à démasquer les rationalisations pour mettre à jour les véritables raisons d'agir, les mobiles inavouables, les motifs déguisés, les intentions obscures des actions[29]. » Pour que l'élève puisse apprendre à lire une œuvre (et, pourquoi pas, en écrire une un jour), pour qu'il puisse faire de sa vie une œuvre, il doit avoir appris à faire confiance,

> faire crédit à l'autre : l'auteur, le personnage. Il faut cultiver cette capacité qui naît dans les premières expériences de lecture enfantine. Car elle peut être cultivée et peut être détruite : une fois le soupçon né (qu'est-ce qu'il me veut ? Pourquoi lui ferais-je confiance ? Qu'est-ce qui me prouve qu'il me dit la vérité ?), il est très difficile à dissiper. Cette confiance seule rend la lecture possible ; c'est ce que Patočka appelle « l'âme ouverte » : générosité, suspension de l'adhésion vitale pour adhérer à la vie d'autrui, à une autre vie[30].

Cette confiance que le lecteur doit avoir à l'égard de l'œuvre, de l'auteur, n'est possible que si l'élève peut faire confiance au professeur, que si le professeur mérite cette confiance en s'oubliant lui-même « pour adhérer à la vie d'autrui, à une autre vie », celle qui s'exprime dans l'œuvre qu'il enseigne, celle de l'élève dont il a la garde et qu'il a pour fonction de « former ». Et comment se forme une vie, une pensée, un être ? Essentiellement par l'apprentissage du mouvement, par l'imitation d'une vie, d'une pensée, d'un être soumis au mouvement qui va du fini à l'infini au fini, capables de sup-

---

29. Giroux, *Socrate-éros, éducateur,* citée par Larose, « À corps perdu, corps défendant ».

30. Sallenave, *À quoi sert la littérature ?,* p. 70-71.

porter cette tension entre le rêve et le réel, non plus perçus comme des forces antagonistes, mais comme des forces créatrices. Le bon professeur est donc double : d'une part, il jette l'élève dans l'infini du crépuscule du Sussex et, d'autre part, il l'oblige à exprimer (traduire, trahir) cet infini pour ne pas être détruit par lui, ne pas être aliéné par « l'infini dérangeant, sans retour » dont parle Michaux, à faire de ses propres limites le tremplin de son désir, et du fini le terreau de l'infini.

C'est pourquoi Sallenave a raison d'affirmer que « le drame de l'école se ramène pour l'essentiel à une crise, un effondrement, une rupture dans la formation des maîtres. C'est d'abord la formation des professeurs qu'il faut d'urgence réformer[31] ». Cette réforme passe, selon elle, par la restauration de l'autorité du maître mis à mal par Mai 68, car « même si le recours au principe d'autorité doit être écarté le plus possible, il y a forcément un moment où celle-ci, celle de l'enseignant, doit s'affirmer en tant qu'il est *auctor,* garant, de ce qu'il avance[32] ». Ce qui signifie que le maître doit imposer à l'élève des règles, des exercices qui l'aident « à rompre avec le narcissisme primaire, les fantasmes de toute puissance », « avec un moi enfantin, capricieux, épris d'immortalité[33] ». L'autorité du professeur, ce qui le rend digne de confiance, ce qui donne à sa parole sa force, sa crédibilité, c'est, bien sûr, le poids de l'exemple. Comment le professeur peut-il enseigner si, d'une part, il n'a jamais connu le choc, l'éblouissement du crépuscule, s'il n'est pas « épris d'immortalité » au contact de la beauté, et si d'autre part il ne peut, sans renoncer à ce désir, le soumettre à l'épreuve de la mort, de la limite de la forme qui le contraint et le fortifie ? Bref, l'autorité du professeur est celle d'un adulte, de quelqu'un, comme dit Michaux, qui a réussi « à se limiter, à s'éprouver, à se voir limité ». Le professeur qui

---

31. *Ibid.,* p. 24.

32. *Ibid.,* p. 28.

33. *Ibid.,* p. 31.

couche avec ses élèves pèche ainsi à la fois contre le désir d'infini dont il se soulage dans l'assouvissement sexuel et contre l'infini du désir que seules préservent la contrainte, la retenue, l'abstinence. C'est la nécessité de la limite, de la loi qui remet le désir sexuel en relation avec son objet lointain, ultime, lui redonne sa mobilité de désir spirituel. Le professeur qui couche avec ses élèves, loin de combattre le « narcissisme primaire » de l'élève en révélant à ce dernier qu'il existe en dehors de lui des êtres, des choses, un monde qui ne sont pas lui et avec lequel il ne peut entrer en relation que s'il accepte ses propres limites, devient lui-même tout ce « dehors » qui sollicite l'élève et se referme violemment sur lui, comme le prêtre pédophile, dit Larose, qui « m'exilait du monde en m'enveloppant dans sa robe ». Tous ceux qui veulent banaliser cette faute ne comprennent pas que « le violeur d'enfant ne dévore pas uniquement sa proie, il dévore le désir chez l'enfant. Il le tue dans l'œuf[34] ».

La meilleure façon de rompre cette chaîne entre l'enfant ainsi damné et le « professeur de désir », imaginé par Larose, qui « se dépense comme un homme nu qu'une fille désire mort », c'est évidemment d'empêcher la première agression. Mais pour cela, il faudrait combattre « la banalité du mal », et voir dans « le foutoir intégral » dont parle Roth autre chose qu'une saine libération des mœurs puritaines ou qu'une nouvelle pédagogie visant à conduire l'esprit jusqu'à ses limites en lui dérobant l'infini au fond d'un lit.

---

34. Jean Bédard, *Le Pouvoir ou la vie,* Montréal, Fides, 2008, p. 96.

8 Le piratage sexuel

Le psychanalyste Patrick Cady s'est penché sur les conséquences d'une telle relation maître-élève, en établissant
un parallèle entre l'analyste et le professeur dans l'exercice de leurs fonctions. Dans un texte intitulé « La culture est-
elle sexuellement transmissible ? », paru par un heureux
hasard dans le même numéro de la revue *Spirale* que le texte
de Larose[1], Cady rappelle dans un premier temps que si l'analyste « doit résister à la demande d'amour de la patiente », « il
ne s'agit pas là d'une soumission à un ordre moral mais d'une
nécessité technique : l'interdit du sexuel entre l'analyste et la
patiente réactualise celui de l'inceste qui structure tout être
humain ». Ainsi le professeur « ne doit pas détourner à son
profit des transferts qui visent non l'enseignant mais la figure
idéalisée du maître projetée sur lui ». L'élève devant le maître
veut ressembler au maître et le maître jusqu'à un certain point
l'y invite, car « convaincre est au cœur de l'acte d'enseigner et,
tout comme convertir ou guérir, participe d'une réduction au
même [...]. Le passage à l'acte sexuel entre professeur et étudiant aggrave cette destruction de l'altérité ». Autrement dit
(traduction libre de la doxa psychanalytique), quand le professeur enfreint la règle d'abstinence, il abolit cette distance
entre deux êtres dans laquelle le désir se déployait à l'infini,
tirait le moi hors de lui-même et le structurait en lui imposant
des limites, en lui révélant sa propre singularité, non plus res-
sentie comme un manque, mais comme le fait d'être autre,

---

1. Patrick Cady, « La culture est-elle sexuellement transmissible ? », *Spirale*, nº 200, janvier-février 2005, p. 82-83. Toutes les citations de Cady ren-
voient à ce texte.

irréductible et en cela désirable, susceptible d'éveiller chez le professeur un désir semblable à celui que l'élève éprouve pour lui. On comprend que Lévinas appelle « meurtre » tout acte qui vise à détruire ce qui fait que l'autre n'est pas moi, et que Steiner qualifie de « fossoyeurs » les professeurs qui ne font pas leur job de « courrier de l'essentiel ». Cady voit chez les « enseignants transgresseurs » « une mise à mal de la fonction paternelle », c'est-à-dire une « parodie de filiation, comme s'ils étaient les enfants des religieux abuseurs, certains tentant peut-être de se convaincre d'un triomphe hétéro sur le violeur pédophile ».

On croirait lire un commentaire du texte de Larose, que Cady ne peut avoir lu, tant il est vrai que ceux qui travaillent sur le terrain de la souffrance humaine, psy ou travailleur social, et non dans la théorie de la souffrance, vont directement au cœur des problèmes, voient de quelles blessures les déviations surgissent et comment celles-ci se répètent. Qu'est-ce qu'une véritable filiation, qu'est-ce qu'être père (mère), quelle est la fonction de père (mère), de maître, de psy, sinon celle d'être le relais d'un désir, d'aimer assez la vie pour la transmettre, la protéger et l'élargir : ce que tu me donnes, je ne le garderai pas pour moi, la force qui te pousse vers moi je la laisse me traverser pour que tu la retrouves, démultipliée, inépuisable en toi et hors de toi, de sorte qu'entre toi et le monde il y ait un lien tellement fort que dès que tu le regardes, c'est comme s'il te regardait aussi, que tu étais son enfant et qu'il était aussi un peu le tien. Comme le dit Nietzsche, un grand maître « transforme tout l'homme en un système solaire et planétaire[2] ». Être père, professeur, psy, c'est aimer assez l'autre qui nous est confié pour ne pas se l'attacher, ne pas le retenir : « Vous ne vous étiez pas encore cherchés, dit Zarathoustra, quand vous m'avez trouvé. [...] Maintenant, je

---

2. Friedrich Nietzsche, cité par Steiner, *Maîtres et Disciples*, p. 117.

vous ordonne de me perdre et de vous trouver [...][3]. » En écho à la parole de Zarathoustra, celle du maître de musique dans *Le Jeu des perles de verres* : « La divinité est en toi[4]. » L'amour, ainsi conçu comme la reconnaissance absolue de la valeur de l'autre devant laquelle le maître s'efface, n'est donc pas interdit mais au contraire souhaitable, nécessaire. Mais cet amour, sauf exception, ne doit pas se traduire par l'acte sexuel, ni même par l'expression trop explicite de cet amour. Freud, qui voyait dans la psychanalyse « une véritable cure par l'amour », écrit : « J'ai souvent eu à constater que quand j'ai porté un intérêt personnel excessif à certains cas, ils ont échoué, et peut-être précisément à cause de l'intensité de ce que je ressentais pour eux[5]. »

Cady qualifie de « piratage sexuel » la relation sexuelle entre le professeur et ses élèves pour bien montrer qu'il s'agit en fait d'une agression (d'un « presque viol », disait Coetzee de la relation de Lurie avec son étudiante) qu'on ne saurait « légitimer sous prétexte que la personne étudiante est reconnue adulte et que c'est d'ailleurs souvent d'elle que vient la demande ». C'est l'incapacité du professeur à se mettre à la place de l'étudiante qui rend cette agression possible et cette incapacité est sans doute encore plus grande si le professeur délinquant a été lui-même victime d'une telle agression qu'il s'empresse de nier ou de minimiser pour s'éloigner de l'enfant qu'il a été, de la souffrance d'avoir été agressé. On comprend que Lurie, qui pouvait se mettre à la place du violeur mais non à la place de sa fille, ne pouvait mesurer les effets de son agression sur l'étudiante. Il ne va pas jusqu'à imaginer, comme Kepesh, que c'est pour le bien de l'étudiante, qu'il contribue

---

3. *Ibid.,* p. 121.

4. Hermann Hesse, cité par Steiner, *Maîtres et Disciples,* p. 123.

5. Sigmund Freud, cité par Howard B. Levine, « L'engouement de l'analyste ou l'amour de contre-transfert », dans *Trans,* n° 8, « Le sexuel dans la cure », 1997, p. 58-59.

ainsi à libérer des forces répressives dont elle est victime, ni à théoriser positivement, comme Larose, la déception de l'élève, mais il est incapable de reconnaître au-delà de son propre désir l'existence singulière d'un être animé d'un autre désir que le sien, incapable d'imaginer que dans le désir de l'étudiante il y a d'autres enjeux que « les droits du désir », que ce qui la fait trembler ce n'est peut-être pas seulement « le dieu qui fait trembler même les petits oiseaux » ou que ce dieu n'est peut-être pas tout à fait celui qui le fait bander. Lurie sait mais ne semble pas se préoccuper du fait que sa victime a été coupée des autres étudiants, éloignée de son petit ami, qu'elle a du mal à faire ses devoirs et qu'elle songe à abandonner ses études. Bref qu'elle a été exclue du monde, comme l'enfant abusé : « Il m'exilait du monde, écrit Larose, en m'enveloppant dans sa robe. » Quand elle se confie à son professeur pour qu'il l'aide, il fait semblant de ne pas comprendre :

> « [...] En ce qui te concerne, il va falloir consacrer un peu plus de temps à ton travail. Il va falloir assister aux cours plus régulièrement. Et il va falloir rattraper le devoir que tu as manqué. » Elle le regarde d'un air de ne pas comprendre, en état de choc presque. *Vous m'avez coupée de tout le monde,* semble-t-elle vouloir dire. *Vous m'avez fait porter votre secret. Je ne suis plus une simple étudiante parmi d'autres. Comment est-ce que vous pouvez me parler comme ça*[6] ?

Évidemment elle est incapable de dire tout cela, car elle est réduite à demander de l'aide à la seule personne qui ne peut plus l'aider, qui n'a plus l'autorité pour la guider, puisque cette personne, c'est l'agresseur. Tout ce que Lurie réussit à faire, c'est de lui proposer de faire semblant de jouer le jeu : remets-moi le devoir que tu me dois et même si tu échoues je te donnerai une bonne note : « Tout ce que je te demande,

---

6. Coetzee, *Disgrâce*, p. 46.

Mélanie, c'est de faire l'exercice, comme tous les autres. Cela ne fait rien que tu ne sois pas prête ; ce qui importe, c'est de t'en débarrasser […]. Mélanie, j'ai des responsabilités. Fais au moins semblant de jouer le jeu. Ne rends pas la situation plus compliquée qu'il ne faut[7]. » Contrairement au grand réformateur qu'est Lurie, Mélanie n'arrive pas à faire semblant, elle préfère abandonner ses études plutôt que de se prostituer, plutôt que d'être notée pour ses « devoirs » faits dans le lit du professeur. On peut toujours lui reprocher de ne pas avoir appris de son erreur, d'avoir cru accéder à la connaissance en empruntant un raccourci, d'avoir cru qu'il était possible de « la gober d'un trou » en couchant avec le maître, bref de ne pas avoir appris cette grande leçon du « non-savoir » que le professeur lui a si généreusement donnée. On peut aussi se dire, comme le héros de Roth, que l'étudiante qui a réussi à séduire le maître va en tirer une force ou une gloire qui va la soutenir désormais dans la vie : « Elle avait vu qu'elle en était capable, toute vaillante et terrorisée qu'elle ait dû être, cachée dans la salle de bains. Elle avait découvert qu'elle pouvait faire face avec courage à cette association insolite, qu'elle pouvait surmonter son premier mouvement de peur et de répulsion[8]. » Raisonner ainsi revient à valoriser toute entreprise de destruction sous prétexte que les survivants risquent d'en sortir plus forts, que « ce qui ne me tue pas me rend plus fort » (Nietzsche).

On ne peut nier tous les cas de ce qu'on appelle maintenant la « résilience » ni que la haine ou le ressentiment peuvent générer chez la victime un certain pouvoir, y compris celui de violer à son tour. Mais si on veut s'approcher de la vérité (et même comprendre le combat qu'ont dû mener les résilients), il faut aller la chercher, que ça nous plaise ou non, non du côté d'une philosophie confortable du tragique

---

7. *Ibid.*, p. 47.
8. Roth, *La Bête qui meurt*, p. 19.

auquel seraient exposés tous les êtres de pouvoir livrés sans défense au désir de leur victime, mais bien du côté de l'élève et de l'enfant abusés. Dans son essai sur la structure du pouvoir, Jean Bédard, après avoir étudié certains cas de pédophilie, dont celui d'un père incestueux « qui occupait un poste de chercheur scientifique dans une institution reconnue », écrit que « le propre de la vie sexuelle est sans doute d'osciller constamment entre la relation désiré-désirant et la relation prédateur-proie. […] Le drame de l'inceste, c'est que la prédation l'emporte. Le violeur d'enfant ne dévore pas uniquement sa proie, il dévore le désir chez l'enfant, il le tue dans l'œuf[9] ». Bédard ne se réfère pas explicitement à la relation délinquante entre professeur et élève, mais son analyse de la prédation rejoint celle de Cady, qui associait le « prof transgresseur » au « violeur pédophile », l'un et l'autre détournant à leur profit un désir de connaissance et d'amour.

Si le prédateur « dévore le désir chez l'enfant », c'est que son propre désir a déjà été dévoré ou qu'il se voit lui-même menacé d'être dévoré par le désir de l'autre, comme le dit très bien Larose : « Le maître vagissant dans le trou qu'il fait au disciple ne pense pas comme une fille enlève sa robe, il se dépense comme un homme nu qu'une fille désire mort. » Comment cela est-il possible, comment le maître, qui voit son propre désir d'amour et de connaissance dans le désir de l'élève, ne profite-t-il pas de cette relation qui redouble son propre désir pour désirer encore davantage connaître et aimer jusqu'à ce que ce désir le dépose hors de lui-même comme en sa vérité la plus intime ? Pourquoi s'enfermer dans une relation narcissique (je me désire dans l'autre qui me désire) qui consiste finalement à tuer, à dévorer l'autre, à se l'incorporer ? La réponse, c'est que le maître, justement, ne voit plus rien à transmettre, aucune lumière, aucun dehors qui appelle l'homme et le transforme, dit Nietzsche, « en un système

9. Bédard, *Le Pouvoir ou la vie*, p. 96-97.

solaire et planétaire », n'entend plus aucune parole qui puisse rassasier « la faim du sens » qui le dévore autant que l'élève, aucune voie « qui va de l'animal au surhumain » sur laquelle se rencontrent et se quittent maîtres et disciples devenus les « enfants d'un même espoir[10] ». Pas d'enseignement sans transcendance, pas de relation érotique, amoureuse qui ne soit tendue par l'espoir de ne pas mourir, pas de corps sans âme pressée de « rentrer au bercail, de retourner à l'un infini », ce qui suppose que s'établisse entre le monde et le moi, comme entre les deux corps qui s'étreignent, une relation dans laquelle les sujets, loin de fusionner, se singularisent, deviennent de plus en plus uniques, tendus à l'extrême par un désir qui les rapproche et les éloigne l'un de l'autre, qui les rapproche en les tirant hors d'eux-mêmes vers ce qui les réunit, vers cette réalité transcendante, ce « système solaire et planétaire » dont ils font partie. Comme l'écrit Jean Bédard : « La prédation tue. Le désir engendre. Le désir n'a pas d'objet. Il est co-naissance de deux sujets. Les poètes ont raison, l'érotisme est la génération de soi dans le monde et du monde en soi[11]. » Aucune description, aucun enseignement n'épuisera le crépuscule du Sussex, car il se transforme sans cesse sous l'effet de mon regard qui l'explore, le pénètre ; aucun crépuscule du Sussex ou d'ailleurs ne pourra m'enfermer en moi-même, dans les limites de mon regard, car sous l'effet de sa lumière qui s'obscurcit, voici que mon regard s'élargit, que naissent trois ou quatre moi qui se promènent entre le possible et l'impossible, entre ce qui finit et commence, comme dans leur propre demeure. Autrement dit, le maître qui dévore l'élève agit ainsi parce qu'il a du monde une conception englobante, prédatrice : le tout dévore les parties, comme les parties se dévorent entre elles. Portrait de l'homme incestueux :

---

10. Nietzsche, cité par Steiner, *Maîtres et Disciples,* p. 121.

11. Bédard, *Le Pouvoir ou la vie,* p. 99.

Le père se fait l'utérus englobant […]. Mais ce n'est « évidemment » pas lui qui a commencé. Non, pour lui, tout a commencé par l'ovule prédateur, par la femme. Pire encore, l'ovule prédateur suprême, c'est le monde, le monde hostile. C'est ainsi que le père incestueux voyait les choses. […] Le prédateur universel, c'est le monde. Je ne fais qu'imiter le grand utérus universel (en oubliant qu'un utérus est créateur et non destructeur) et cela rend mes actes légitimes[12].

Ainsi, il va de soi qu'un professeur, pour qui « la connaissance intellectuelle consistait à assimiler le monde, à le digérer, à le faire entrer en lui[13] », fasse de même avec l'élève qui, porté par un désir de connaissance, est venu à lui et menace donc de l'avaler. Vouloir faire d'une telle expérience de prédation autre chose, vouloir faire coïncider « la chute de la pensée avec la chute de la robe » et voir dans ce vertige la connaissance de l'impossible, de l'infini, relève, je ne dis pas de la malhonnêteté intellectuelle, mais d'une grande misère affective et intellectuelle qui dissocie connaître et aimer, misère d'une culture qui au lieu de s'incliner devant ce qui dépasse et aspire la pensée élève sa propre impuissance jusqu'à en faire un absolu, vénère sa propre impuissance comme le reflet tragique de la condition humaine réduite à être torturée, avalée par ce qui lui échappe. Misère d'une culture de l'inceste, qui renverse la flèche du temps :

Dans l'inceste, il y a renversement de la flèche du temps. C'est normalement à la génération suivante (les jeunes) qu'il appartient d'ingérer, de digérer et d'intégrer la génération précédente (les adultes, les personnes âgées). Dans l'inceste, c'est le contraire. Le plus vieux absorbe le plus jeune. Cela n'est pas innocent. Ce qui est normalement devant, le futur,

---

12. *Ibid.*, p. 97.
13. *Ibid.*

se retrouve derrière. Ce qui est normalement derrière, le passé, se retrouve devant. Le passé se met à déterminer le futur de la jeune fille, son père est en elle et il détermine toujours son futur, ses amours échoués, ses amants de passage[14].

Évidemment, le professeur Lurie verrait dans cette dénonciation une défense des lois assurant la survie de l'espèce que conteste la révolution à laquelle il participe (avec moins de prosélytisme que Kepesh) : « Si les vieillards confisquent les jeunes femmes, quel sera l'avenir de l'espèce ? Voilà, au fond, le chef d'inculpation[15]. » Ici, comme dans toute littérature qui théorise la transgression et défend le droit de l'individu à s'affranchir des lois (sociales, morales) qui structurent la société (et l'individu) et assurent la continuation de la vie, on fait peu de cas des droits de ces individus que sont les victimes, peu de place au désir des êtres qui ne sont plus protégés par des lois, qu'on a soustraits à ces lois pour leur bien. Jean Bédard, qui a travaillé sur le terrain à titre d'intervenant, qui a passé une partie de sa vie parmi des familles dysfonctionnelles[16], n'oublie pas que derrière la robe qui tombe il y a une jeune femme en chair et en os, bien réelle, qu'on ne peut réduire à la chute de la pensée. Qu'est-ce qui a été tué dans la femme violée, humiliée, dans l'élève abusée, dans l'adolescente « dupe de ses rêves », comme le dit Bernanos de Mouchette violée par le braconnier en qui elle voyait un libérateur ?

La petite fille est avalée par son père. Absorbée par lui. En elle, le désir est tué dans l'œuf, transformé en envie, l'envie d'une proie [...]. Derrière cela, c'est la confiance envers le monde

---

14. *Ibid.*, p. 100.

15. Coetzee, *Disgrâce*, p. 239.

16. Voir *Familles en détresse sociale, repères d'action*, Québec, Anne Sigier, 2001.

qui est sapée. Durant des années, à tout moment, le père pouvait faire irruption, surgir par une porte, prendre la fillette au piège. Le gardien du monde était devenu l'assaillant. Par le fait même le monde s'est transmué en prédateur[17].

Certains diront qu'il ne faut pas tout confondre, que l'enfant abusé par son père, que la fille du professeur Lurie violée par trois étrangers et que l'étudiante séductrice et séduite par son professeur sont des cas différents. La psychanalyste Élisabeth Roudinesco affirme que « les interdits sur la sexualité, s'agissant d'un élève et d'un professeur, me paraissent insensés, même si l'un exerce un pouvoir transférentiel plus évident sur l'autre », car « dans les passions amoureuses, il y a toujours du pouvoir et de l'emprise de l'un sur l'autre, de l'un et de l'autre ». Cette position revient plus ou moins à définir la violence ou à la mesurer par les traces physiques de l'agression, la peur de mourir liée à celle-ci ou la capacité de la victime à se défendre. Mais si on relie l'état dans lequel se trouve aussi bien la femme violée que l'étudiante abusée, il est difficile de ne pas voir que le mal fait à l'une et à l'autre est de même nature, que « la figure du mal, comme dit Derrida, c'est l'abus d'une autorité hors de son champ d'exercice supposé normal[18] ». Que dit la fille de Lurie à son père qui ne comprend pas pourquoi elle ne part pas pour recommencer sa vie ailleurs ? « Tu ne vois pas que je suis une morte. » Que fait Mélanie, l'étudiante de Lurie, pendant que le professeur obéit « aux droits du désir » ? « Elle avait décidé de n'être qu'une chiffe, de faire la morte au fin fond d'elle-même le temps que ça dure, comme un lapin lorsque les mâchoires du renard se referment sur son col[19]. » Et comment Lurie se perçoit-il lorsqu'il s'adresse à

---

17. Bédard, *Le Pouvoir ou la vie*, p. 100-101.

18. Jacques Derrida et Élisabeth Roudinesco, *De quoi demain...*, Paris, Fayard/Galilée, 2001, p. 58.

19. Coetzee, *Disgrâce*, p. 35-36.

Mélanie lors de leur premier rendez-vous ? Comme un adulte en face d'une autre adulte ? Non, « la voix qu'il entend est celle d'un père affectueux, pas celle d'un amant[20] ». Et que voit-il quelques instants avant de la sauter ? « *Une gamine ! se dit-il. Ce n'est qu'une gamine ! Qu'est-ce que je suis en train de faire ?* Mais son cœur frémit d'un élan de désir[21]. »

Que ça nous plaise ou non, que cela nous ramène à l'esclavage chrétien qui défend les faibles et que pourfendent tous les petits nietzschéens universitaires, il y a bel et bien agression, dans un cas comme dans l'autre, quelle que soit l'arme utilisée, que cette arme soit la peur d'être tuée par des étrangers, rejetée par le maître qu'on admire ou abandonnée par son père.

20. *Ibid.*, p. 30.
21. *Ibid.*, p. 29.

9 La destruction de la cité

Qui dit inceste dit rapport entre des forces inégales et trahison du lien de confiance qui existe entre l'adulte et l'enfant aussi bien qu'entre le professeur et l'élève. Le roman de Marie-Sissi Labrèche, *La Brèche,* est une parfaite illustration de cette « exploitation sadique, tant mentale que physique », à laquelle « l'éros de l'intelligence, plus farouche qu'aucun autre », donne lieu, dit Steiner, lorsqu'il lui arrive de « se fondre en concupiscence[1] ». Que la partie soit inégale, le professeur en est bien conscient, lui qui ne cesse de rappeler à son élève, pour la remettre à sa place et justifier son propre refus de s'engager, qu'elle n'est pas de son monde, qu'elle lui est intellectuellement et socialement inférieure : « *Je viens d'un univers très différent du tien,* me répond-il tout le temps comme pour me signifier que je suis une extra-terrestre dans sa vie et qu'être ensemble pour vrai relève de la fiction[2]. » Il est bien conscient aussi d'être le père de cette étudiante plus ou moins orpheline : « Si je te pénètre, j'ai peur de briser des petits cristaux à l'intérieur de toi. C'est de l'inceste, j'ai l'impression. » (17) Enfin, il ne peut oublier non plus que c'est lui qui a le gros bout du crayon, c'est lui qui corrige, note, décrète qu'elle peut ou non écrire : « Il peut corriger ma peau avec son crayon rouge, il peut écrire *C'est bien* ou *Ce n'est pas bien*, il peut aussi écrire *Je veux te revoir* ou *Je ne veux pas te revoir.* » (16)

---

1. Steiner, *Maître et Disciples,* p. 144.

2. Marie-Sissi Labrèche, *La Brèche,* Montréal, Boréal, 2002, p. 45. Désormais, dans ce chapitre, tous les renvois à ce roman se feront dans le corps du texte entre parenthèses.

Tchéky K., c'est le nom que lui donne l'élève dans le récit qu'elle fait de leur relation, joue et gagne sur tous les tableaux : il est le père qu'Émilie-Kiki n'a pas eu, le professeur qui est presque un familier de Kafka (d'où son nom), l'écrivain qu'elle rêve de devenir, le bourgeois qui « écoute Bach et Brel » : « Professionnellement, il est mon prof de littérature, physiquement, il est mon amant, symboliquement, il est mon père, *Fuck the system do it, do it, do it, do it yeah !* » (24). Bref, Tchéky l'écrase de tout son poids — « mon prof de littérature était couché sur moi et il m'écrasait de tout son poids » (11) —, il ne l'aime pas — « mon prof de littérature continue de me hacher le cœur en petits morceaux, il n'a toujours pas laissé sa femme ni dit ce qu'il faisait avec moi, il ne m'a jamais dit je t'aime » (47) —, il est un très mauvais amant, et pourtant Émilie-Kiki ne peut s'en détacher — « moi mon amour est sans limite » (71) —, pour lui elle va même dire non à un autre homme qui est beau, jeune, riche et l'aime à la folie, et se bat avec ce qu'elle croit être sa seule arme : « Je ne sais plus que faire pour le rendre fou à lier de moi, pour faire en sorte qu'il ne soit plus capable de se passer de moi, qu'il m'adopte, moi, la petite mésadoptée sociale, alors j'essaie de l'attirer avec le sexe, avec ma brèche, mon arme de pauvresse. » (46)

Le pouvoir que Tchéky exerce sur son élève n'a évidemment rien à voir ou très peu avec ses qualités de professeur et d'écrivain dont on sait peu de choses et qu'on devine plutôt médiocres (un lecteur de Kafka qui écrit de la poésie ?), et s'il survit à toutes les déceptions amoureuses de l'élève, c'est que l'« amour sans limite » de l'élève pour son professeur est, en fait, l'amour du sans-limite, le désir de quelque chose que le professeur, presque à son insu et malgré lui, a éveillé en elle et qu'elle associe à leur histoire qu'elle rêve d'écrire. Le pouvoir du professeur c'est, croit-elle, d'avoir été le premier lecteur de son élève : « Lui, le premier homme qui m'écoute vraiment, enfin, qui écoute ma voix à travers ce que j'écris, qui entend et excite les brèches dans mon récit. » (18) Si on lit attentivement cette phrase, aussi bien que tout le roman, on comprend que

Tchéky n'écoute ni ne lit vraiment son élève, il est ce qui l'excite, l'incite à écrire. Son grand mérite est d'être là au moment où l'élève, rêvant d'être ailleurs, le prend pour cet ailleurs. Nulle part l'élève ne mentionne ce qu'elle a appris de son professeur et cela ne nous étonne pas parce que Tchéky ne s'intéresse qu'à Tchéky :

> Et je me dépêchais de finir les chapitres de mon essai pour le rencontrer, une heure dans son bureau à parler de lui, car il me parlait de lui à cette époque, il était son sujet de discussion préféré à cette époque et il avait trouvé l'auditrice rêvée. […] Il fermait la porte de son petit bureau d'université et il me gardait une heure […] pour me raconter comment il avait commencé à enseigner, comment il s'était découvert une passion pour Kafka […] comment il avait écrit tel ou tel recueil de poésie […]. (19)

Le pouvoir de Tchéky, c'est le pouvoir de la littérature sur Émilie qui veut devenir écrivain, c'est le crépuscule au-dessus du Sussex ou *Le Château* que le professeur fait miroiter devant l'élève pour l'entraîner dans son lit, c'est le rêve d'une vie autre, plus intense, plus belle, plus grande et qui ne meurt pas même lorsqu'il se change en « une espèce de gonorrhée de l'âme, incurable, qui me fait voir la vie comme une grosse infection, brun noir, purulente » (13).

Tout le roman se déploie entre ce rêve et son contraire : « Chaque fois que je pense à lui, j'ai envie de m'envoler vers Pluton, mais je ne peux pas décoller, mes ailes de poulet ne me le permettent pas, je ne peux pas partir. » (64) « L'exploitation sadique », c'est d'éveiller l'albatros dans une élève pour aussitôt la rabattre sur son lit, comme un poulet qu'on écrase « de tout son poids de prof d'université », c'est lui promettre le rôle de personnage principal dans un roman dont elle serait l'auteur pour lui confier finalement celui de figurante dans un film de cul : « Je suis si fatiguée que ma vie ait l'air d'un film de cul avec du sexe triste, je n'ai plus même la force de déposer ma tête dans mes mains, je veux qu'il y ait de l'espoir, quand nous sommes en dehors du lit, à la verticale. » (56)

On ne comprend rien à ce roman si on croit que l'espoir d'Émilie est de se marier, d'avoir un bébé, d'aller vivre dans un beau quartier. À preuve, lorsqu'elle rencontre le prince charmant qui lui offre tout cela, elle s'en détourne pour aller vers son « vieux croûton de prof marié » (64). Bien sûr, elle avait déjà rêvé à une telle vie, mais ce n'est pas cela qu'elle veut, et c'est pourquoi en disant non au prince charmant elle se dit : « J'ai trahi ma vie rêvée » (112) et non « j'ai trahi mon rêve ». L'espoir, le rêve d'Émilie pour lequel elle est prête à tout sacrifier et qu'elle associe au pouvoir d'écrire, c'est de devenir quelqu'un, « le droit de devenir quelqu'un » (84), dit-elle lorsqu'elle se révolte contre Tchéky, espoir qui presque toujours et d'abord se manifeste paradoxalement par le désir d'être autre, d'être plus grand que soi, sans limite, infini. Émilie n'avale pas tous ces « cachets d'anxiolytiques » pour mourir mais pour « calmer le bruit entre [ses] deux oreilles » (132), le ressassement de toutes ces images qui la condamnent à n'être rien : image de « ma mère folle à lier » (131), images de sa relation avec Tchéky, « les chambres d'hôte miteuses, les rires, les soupirs, ses doigts dans ma brèche » (131). Et voici que sous l'effet du médicament s'opère la transformation qu'elle attendait de l'amour et de l'écriture, de l'écriture que l'amour autorise, de son amour de l'écriture qui lui fait aimer son professeur de littérature : « Plus je me regarde, plus je me rends compte que je grandis et grandis, mes bras et mes jambes s'étirent comme les membres de l'homme élastique dans *Les 4 Fantastiques,* je suis plus gigantesque qu'un Transformeur, et pleine de puissance, de la puissance exponentielle, des neutrons dans les neurones, du fer dans les bras. » (132-133)

Voici que le petit clown de Tchéky, « le centre de rien, du vide, de l'ennui, du désespoir, de la défaite amoureuse », contient désormais le ciel : « Je sors de la maison par la fenêtre, une seule enjambée et je suis dans la rue Sainte-Catherine, je fais des pas immenses, mes cheveux touchent le ciel bleu comme un dessin d'enfant, de la vapeur dans mes oreilles, je bois à même les nuages. » (133) Le caractère enfantin de ces images de puissance manifeste bien que ce qu'Émilie attendait « de l'amour et de l'écriture » n'a rien à voir avec la vie bourgeoise et « la baise pure, stérile » de Tchéky. Comme tous les élèves attentifs au désir de connaissance qui s'éveille en eux, comme tous les (jeunes) écrivains portés par l'espoir d'être en s'exprimant, Émilie aspire à naître une seconde fois par la parole et la pensée. Tous les élèves, tous les écrivains, qu'ils le veuillent ou non, quels que soient leur âge et leur savoir, sont encore ou de nouveau des enfants, c'est-à-dire des êtres qui se tiennent au seuil du monde, entre le vide et l'être, et se demandent comment faire pour ne pas être avalé par l'un et détruit par l'autre.

Le professeur idéal, comme l'écrit Handke, est le vide d'où surgit et s'élance l'élève : « Philip Kobal était assis bien droit devant le vide, précisément comme il avait souhaité être assis autrefois devant un professeur. Bien redressé face au vide, le professeur tant et tant attendu[3]. » Le professeur idéal est celui qui, au fond, n'enseigne rien, qui accepte de tenir compagnie à l'élève face au vide, le sien et celui de l'élève, et qui lui apprend par l'exemple à se tenir droit devant le vide, à soutenir l'attente jusqu'à ce que de ce vide naisse une pensée. « Et cependant ce néant, écrit Rilke, se met à penser[4]. » L'élève est un « néant » qui aspire à l'être, un néant qui se met à penser, quelqu'un qui est d'abord écrasé, réduit à l'état de vide ou de fourmi ou de poulet, par l'infini de l'être et qui peu à peu, mot à mot, se redresse jusqu'à pouvoir se sentir aimé par ce qui semblait l'exclure : « Que suis-je au plus profond de moi ? Un enfant de Dieu (c'est ce que je *dis*; d'abord toutefois j'ai *pensé* : Rien[5]). »

---

3. Peter Handke, *À ma fenêtre le matin*, Lagrasse, Verdier, coll. « Der Doppelgänger », 2006, p. 210.

4. Rilke, *Les Cahiers de Malte Laurids Brigge*, p. 23.

5. Handke, *À ma fenêtre le matin*, p. 62.

Comment le professeur que l'élève prend pour Dieu peut-il amener l'élève à passer du rien à l'« enfant de Dieu », du néant à la pensée ? La réponse est simple : en l'aimant. Mais comment l'aimer sans déchoir de la divinité projetée sur lui, sans trahir ou décevoir l'espoir que l'élève à son contact a de se redresser devant le vide qui l'aspire, de devenir quelqu'un plutôt qu'être rien ? En se tenant à ses côtés, « redressé face au vide », à la fois comme celui qui l'y expose et l'en protège. Le professeur n'écrase pas l'élève de tout son poids de savoir et de chair, il n'est pas plus grand que l'élève, devant le crépuscule du Sussex il est aussi et peut-être davantage démuni que l'élève. La différence entre les deux, c'est que le professeur a fait plus souvent que l'élève l'aller-retour entre l'infini et le fini, ce qui risque d'en faire un mauvais professeur s'il ne se reconnaît plus dans l'élève, dans la terreur et le désir de l'élève devant ce qui l'aspire et l'inspire. Le bon professeur est celui qui peut reconnaître l'élève parce qu'il se reconnaît en lui, et la reconnaissance que l'élève attend d'un professeur, contrairement à ce qu'on peut croire, a peu à voir avec la reconnaissance du talent : « Je ne me sentis pas flatté un seul instant — c'était bien différent : je me sentais reconnu », écrit le héros du *Recommencement.* « Jamais cependant il ne me vint à l'esprit de devenir moi-même professeur — je voulais rester éternellement élève, par exemple d'un pareil professeur, qui était en même temps l'élève de l'élève. Mais cela n'était possible qu'avec de la distance [...][6]. » Le professeur idéal est l'élève de l'élève, il va sans cesse à l'école du recommencement, sa tâche est de tendre de toutes ses forces vers le choc de la première fois que vit l'élève, choc de l'expérience du « crépuscule » et de sa traduction (littéraire, picturale, musicale, etc.). Certes, l'élève demande au professeur comment survivre à ce choc, à cette expérience du vide qui appelle la pensée qui en fera de

---

6. Peter Handke, *Le Recommencement,* Paris, Gallimard, coll. « Du monde entier », 1989, p. 33.

l'être, mais le professeur ne doit pas trop répondre à cette demande, sinon sa pensée (ses livres, s'il est écrivain) risque de lui masquer le vide et de détruire par le fait même son désir de s'exprimer, de devenir quelqu'un et non rien.

Le meilleur maître est souvent le plus ignorant, le moins doué, celui qui ressent plus que tout autre qu'il ne sera jamais à la hauteur de son désir de connaissance et d'expression. Le bon professeur n'est pas celui qui se croit égal à Virginia Woolf, en montrant comment elle a réussi à traduire le crépuscule, ou supérieur au crépuscule réduit à un texte facilement analysable. Non, c'est plutôt celui qui replonge le texte dans le crépuscule de sorte que ce crépuscule n'a encore jamais été vu, décrit. Curieusement, on pourrait donc dire que l'art du professeur, comme celui de l'écrivain, c'est d'abolir l'art qui nous a transmis tel crépuscule pour qu'il y ait encore plus de distance entre nous et les crépuscules, entre l'art et les crépuscules, pour que l'art et les crépuscules soient encore à venir, à découvrir, à créer. Dès l'instant où un professeur ou un artiste croit qu'il est bon, qu'il a du métier, il est en danger de perdre l'infini du réel qui est pourtant sa tâche. Comme l'écrit Van Gogh :

> Je ne suis pas un artiste — comme c'est grossier — même de le penser de soi-même — pourrait-on ne pas avoir la patience de la patience, ne pas apprendre de la nature à avoir de la patience, avoir de la patience en voyant silencieusement lever le blé, croître les choses — pourrait-on s'estimer une chose si absolument morte que de penser qu'on puisse même plus croître… Je dis cela pour monter comment je trouve sot de parler d'artistes doués ou non doués[7].

Tel est le paradoxe que tous les créateurs doivent affronter, à savoir tendre vers l'expression la plus juste du réel, vers la

---

7. Van Gogh, cité par Blanchot dans *L'Espace littéraire,* p. 161-162.

forme la plus achevée, tout en laissant le réel déborder la forme qui nous l'a rendu encore plus présent. C'est parce que le réel ne cesse de croître que l'artiste pour le cerner doit en quelque sorte contempler le « vide » entre chaque forme, entre chaque instant de sa manifestation : « La mer, c'était ce qu'il y avait par-delà les collines et les maisons ; c'est ainsi qu'il la vit et, à le contempler, ce vide s'emplit de toutes les possibilités de vie non utilisées qui s'y profilaient, pâles, vagues, imprécises, et pourtant avec une grande force[8]. » De la même façon que le texte doit s'effacer et disparaître devant ce qui l'a suscité (le texte parfait est transparent, on ne le voit plus, on ne voit que ce qui l'a suscité), le professeur doit s'effacer, disparaître dans le texte qu'il propose à l'élève comme un chemin vers le crépuscule : « Un écrivain, on devrait pouvoir l'étudier tout en le lisant[9]. »

L'erreur, la faute de Tchéky K., ce n'est pas qu'il n'enseigne probablement presque rien à Émilie-Kiki, c'est qu'il l'« écrase de tout son poids » (40), leitmotiv du roman, c'est qu'il l'emplit de lui-même, de son prestige et de son foutre, confusion qu'il prend bien soin d'entretenir même lorsqu'il feint de la dénoncer. Handke, qui n'a jamais enseigné, sans doute parce qu'il voulait écrire, rester « l'élève de l'élève », proche de l'enfant pour qui le monde ne cesse de commencer, cite ce magnifique passage dans le Talmud : « Le monde n'existe que pour le souffle des élèves. » Et : « Il ne faut pas déranger les élèves, pas même pour la construction du sanctuaire. » Et : « Toute ville sans élèves sera détruite[10]. » La seule faute grave que peut commettre le professeur, c'est de déranger l'élève, d'empêcher le souffle de l'élève. Il y a diverses façons, on l'a vu, de bâillonner l'élève (nier l'existence même du souffle ou le réduire à une simple technique respiratoire), mais la plus radicale, c'est

---

8. Peter Handke, *L'Histoire du crayon*, Paris, Gallimard, 1987, p. 61.

9. *Ibid.*, p. 209.

10. Handke, *À ma fenêtre le matin*, p. 153.

de ne pas l'aimer, de s'en servir pour assouvir son propre désir ou, s'il y a amour, d'être incapable de résister au désir et de faire précisément de ce « sacrifice » l'essence même de l'enseignement, comme nous le verrons plus tard. Pour être un bon maître, il ne suffit pas, comme l'écrit Larose, de savoir « modérer la propension des élèves à surestimer la fellation des savants pour l'enrichissement *direct* de leur matière grise », il faut clairement (se) l'interdire, et ne pas jouer avec l'élève en entretenant une ambiguïté vaguement philosophique entre le risque de penser et la nudité : « Révéler son *daimon* à l'élève exige donc aussi du maître qu'il se montre manquant, qu'il donne à admirer la nudité risquée de son penser. Tout en sachant modérer la propension des élèves à surestimer la fellation des savants pour l'enrichissement "direct" de leur matière grise, le bon maître dispense un enseignement qui procède du même élan que le désir de s'y prêter. »

Toute une époque s'est excitée ainsi avec le désir d'un savoir qui « a lieu sur une brèche, ou sur la crête d'une vague, et [qui] est toujours aussi savoir de la brèche ou de la crête, et de l'imminence d'un non-savoir[11] ». J'imagine que pour une telle philosophie le roman *La Brèche* procède d'un savoir grossier qui ne réussit pas à se tenir sur la brèche, à la vérité d'un « non-savoir », et ainsi ne devient jamais « un savoir de la brèche ». Mais, à bien y penser, si la pensée d'Émilie ne s'élève jamais jusqu'à la crête du symbolique, c'est peut-être qu'on a condamné l'élève à n'être qu'une brèche aussitôt colmatée littéralement par le professeur. À tous les penseurs qui pensent « comme une fille enlève sa robe », qui se tiennent plus ou moins à la crête du symbolique, voici — attention à la marche — ce que pense une fille à qui on a appris à enlever sa robe avant de penser, avant de pouvoir un jour espérer penser :

---

11. Jean-Luc Nancy, *La Pensée déchirée,* cité par Larose, « À corps perdu, corps défendant ».

Merde, il n'y a pas moyen que je me change les idées, tous les profs d'université sont des osties de fuckés, des osties de pervers qui pensent détenir la science infuse parce qu'ils ont un doctorat, et parce qu'ils ne sont qu'une clique à pouvoir enseigner à l'université, installés confortablement dans leur convention collective, ils se racontent des histoires dans lesquelles ils sont les maîtres de l'univers donc ils ont le droit, si le cœur leur en dit, de se maquiller et de baiser toutes leurs étudiantes, les unes par-derrière les autres, toutes à genoux dans une salle de cours, le trou humide à l'air qui sourit sous les néons, trop contentes d'être pénétrées par la science infuse à leur tour. (37)

Où est la vulgarité : dans le film de cul qu'est devenue la vie d'Émilie ou dans les beaux discours des professeurs qui ont dénudé Émilie ? Si ce roman de Marie-Sissi Labrèche n'a pas déclenché tout un débat de société, pas plus que *Le Déclin de l'empire américain,* c'est sans doute que nous (lecteurs, spectateurs, professeurs) avons préféré nous identifier à ceux qui ont le pouvoir, « le gros bout du crayon », et qui « se racontent des histoires dans lesquelles ils sont maîtres de l'univers » (37) plutôt qu'à ceux qui n'en ont pas. Ou qui n'en ont pas encore. Car Tchéky (et ses semblables) peut se dire qu'il a fait son travail puisque Émilie va sans doute devenir écrivain, au moins le temps d'un récit qui raconte leur histoire. Cette justification, je le répète, est aussi abjecte que le fait de remercier Auschwitz d'avoir inspiré la littérature de la Shoah. Qui peut ainsi sans frémir affirmer que la littérature justifie la souffrance qui l'a engendrée ? Et si on tient absolument à faire de la littérature une valeur absolue, la réalité qui transcende tout, on pourrait tout aussi bien dire qu'Auschwitz a empêché les victimes d'écrire autre chose d'aussi valable. On peut rire en regardant *Le Déclin de l'empire américain* puisque les élèves y sont éclipsés par leurs fossoyeurs, on peut aussi considérer que ces derniers sont eux-mêmes victimes de leur époque individualiste, hédoniste, etc., et croire qu'à l'instar des héros de Roth et Coetzee ils peuvent être sauvés à la fin de leur vie par un mouvement de compassion pour une bête ou une femme qui meurt, mais il est difficile de ne pas voir dans ces œuvres la réalisation de la prophétie du Talmud, à savoir que « toute ville sans élèves sera détruite ». La médiocrité intellectuelle, sociale et affective que décrit *L'Âge des ténèbres,* dernier volet de la trilogie d'Arcand, est issue aussi et en grande partie de l'effondrement pédagogique à l'œuvre dans *Le Déclin de l'empire américain,* car si le professeur détruit l'élève il se détruit du même coup, il ne pourra plus être « l'élève de l'élève » et échapper à la bêtise de son savoir ou de son indifférence en apprenant à se taire, à s'incliner devant le crépuscule au-dessus de Sussex, ni à se « redresser devant le vide » en essayant d'exprimer la beauté et le mystère du monde. La bêtise du professeur, savant ou non, qui a détruit la ville en détruisant l'élève, c'est celle de Kepesh qui croit que « le problème, en partie, c'est que la virilité émancipée attend encore son porte-parole dans la société et son système éducatif », qui défend fièrement sa méthode (« J'ai atteint mon but à coups d'instrument contondant. J'ai pris un marteau pour écrabouiller la vie de famille et ses cerbères[12] ») et qui du même souffle condamne la violence de la société américaine, comme s'il n'en était pas l'un des artisans. De la même façon, le professeur Lurie ne veut pas voir le lien qui existe entre le viol de sa fille par trois Noirs d'Afrique du Sud, l'apartheid et le demi-viol de l'étudiante qui a entraîné sa disgrâce.

Quand j'entends tous ces professeurs de désir, tous ces fossoyeurs du désir, pleurer sur les ruines (de la culture, de l'éducation, de la pensée, de l'art) dont ils sont aussi responsables, je ne peux m'empêcher de rapprocher leur « concupiscence » de la cupidité qui provoque la faillite de toutes les institutions, financières ou autres. Quelle différence entre un chef d'État qui pille son propre pays, les politiciens qui sont à la solde des

---

12. Roth, *La Bête qui meurt*, p. 101.

multinationales, un courtier qui vole ses clients et un professeur qui profite de ses élèves ? Je laisse à d'autres, plus savants et modérés que moi, le soin d'établir et de nuancer le lien qui existe entre le capitalisme sauvage et « la piraterie sexuelle », entre les dictatures et « le foutoir intégral » qui règne sur les campus nord-américains, mais je me dis qu'à part certaines catastrophes naturelles (et encore), toute violence, subtile ou non, qui détruit l'être humain a sa source dans une faute morale qui consiste à vouloir nier ou mimer la transcendance, à vouloir échapper à la mort en transgressant toutes les autres limites. Comme l'écrit Simone Weil, « le mal est l'illimité, mais il n'est pas infini. Seul l'infini limite l'illimité[13] ». « La fausse infinité, dit-elle, c'est l'enfer même », car l'individu, qui croit s'être ainsi libéré de toutes les contraintes (physiques, morales, intellectuelles) qui le condamnaient à n'être que soi, se retrouve, comme on l'a vu, dans une sorte de *no man's land,* dans « le triste infini » décrit par Michaux, où le moi qu'il a détruit ne lui est plus accessible de sorte que l'infini, vers lequel tendait le moi comme vers sa vérité ultime, son accomplissement, n'est plus l'objet infini du désir mais l'impossibilité de désirer. L'enfer, c'est d'être coupé du fini et de l'infini, condamné à une sorte d'existence fantomatique. Weil donne une autre définition du mal qui éclaire la précédente : « Le mal, c'est toujours la destruction des choses sensibles où il y a présence réelle du bien. [...] Est bien ce qui donne plus de réalité aux êtres et aux choses, mal ce qui leur en enlève[14]. »

On ne s'étonne pas qu'une culture, qui s'est placée au-delà du bien et du mal, se soit engluée dans un réalisme plat ou dans la célébration de l'irréel, de l'imaginaire, comme s'il n'y avait plus de lien entre les mots et les choses, les vivants et les morts, le ciel et la terre, comme si la pensée était une vaste demeure qu'il fallait garder pure de toute illusion ou de toute

---

13. Weil, *La Pesanteur et la Grâce*, p. 75.
14. *Ibid.*, p. 81-82.

réalité. Est stérile toute culture qui ne voit pas, ne sent pas que « les choses sensibles » ont besoin, pour être pleinement, d'être tendues vers quelque chose qui les habite, les enveloppe, les fonde et les prolonge, qu'elles sont d'abord et avant tout ce mouvement entre ce qui a été et ce qui vient, qu'elles sont pur mouvement entre ce qui finit et ne finit pas. Est stérile toute culture qui se réfugie dans un faux infini, qui oublie, comme disait Miron, que « l'éternité aussi a des racines[15] ». Seule l'expérience de la distance qui relie le fini et l'infini fait de nous des êtres vivants capables de survivre à l'échec nécessaire de toutes les formes que nous sommes, que nous créons pour essayer de nous rapprocher de la beauté du crépuscule, de cette « présence réelle du bien dans les choses sensibles », « chose réelle au-delà des apparences » (Woolf) qui donne aux « apparences » que nous sommes un peu plus de réalité, toute leur réalité.

Le bien, c'est la capacité à la fois de percevoir l'infini dans lequel baigne le fini et de résister à la tentation de vouloir sacrifier l'un pour l'autre, car dans un cas on détruit cette présence dans les choses sensibles qui leur confère un surplus d'existence et dans l'autre on détruit les choses sensibles sans lesquelles cette présence ne pourrait se manifester. Voilà pourquoi il est impossible de dissocier, voire d'opposer, le bien et le beau, car « la distance est l'âme du beau[16] », comme le dit Weil. Est bien ce qui protège cette distance et la maintient vivante, est mal ce qui la nie ou l'abolit. Pour entrer en relation avec la beauté, sans la figer, la réduire ou l'imaginer, que ce soit en écrivant, en lisant ou en enseignant, il faut trouver la bonne distance. Trop près ou trop loin de ce qui nous la révèle, nous risquons de la détruire, et de nous détruire puisque la beauté, ne l'oublions pas, est ce qui nous donne plus de réalité.

---

15. Gaston Miron, *L'Homme rapaillé*, Montréal, Presses de l'Université de Montréal, 1970, p. 77.

16. Weil, *La Pesanteur et la Grâce*, p. 150.

10 Adorer la distance

Si l'amour n'a pu encore s'insérer dans cet essai sur la relation maître-disciple, ne serait-ce qu'à titre d'hypothèse susceptible de réfuter ou nuancer sa lecture presque entièrement négative de l'éros pédagogique, c'est qu'il est cruellement absent des œuvres que nous avons vues. Aucun des professeurs rencontrés jusqu'ici (Kepesh, Lurie, Tchéky) ne parle d'amour pour décrire les relations qu'il entretient avec ses élèves. Lurie imagine un instant qu'il aurait pu y avoir avec Mélanie quelque chose comme une sorte de lyrisme. Kepesh, « le grand propagandiste de la baise[1] », devra attendre que la mort rôde autour de son élève pour se rapprocher de celle-ci autrement que par le désir sexuel. D'ailleurs, qu'on ne connaisse pas les sentiments de Mélanie ou de Consuela dit assez la place restreinte ou accessoire qu'elles occupent dans ces romans écrits surtout du point de vue du professeur. Le plus loin que Kepesh peut aller dans la connaissance de l'autre, c'est de lui prêter des sentiments identiques aux siens (« elle n'avait pas de désir pour moi […] elle avait seulement voulu éprouver le pouvoir de ses seins sur un homme[2] »), et Lurie se dit qu'après tout il n'a pas vraiment violé Mélanie puisque c'est elle qui l'avait séduit et que peu de temps après elle s'est fait un petit ami de son âge. Lurie, on le sait, n'apprendra à aimer qu'auprès de sa fille dont il ne peut contester le viol et qu'au contact des bêtes agonisantes qu'il ne peut soupçonner de jouir de leur pouvoir de séduction. Si Émilie aime Tchéky,

---

1. Roth, *La Bête qui meurt*, p. 95.
2. *Ibid.*, p. 87.

il faudra attendre la fin pour que celui-ci trouve le courage de lui dire « je t'aime » et de lui faire un enfant, comme si pressentant sa mort (il se tuera en voiture le lendemain) il se trouvait libéré de toute responsabilité, libre enfin d'aimer et de s'imaginer père pendant quelques heures. Le miracle de l'amour, c'est qu'Émilie croit à la métamorphose tardive de celui qui vient de lui dire je t'aime : « c'est un étranger que j'ai devant moi, quelqu'un que je ne connais pas, quelqu'un qui me veut du bien, ce n'est pas mon prof de littérature, mon prof de littérature ne dit pas ce genre de chose, mon prof de littérature ne parle pas, mon prof de littérature a besoin d'un petit clown pour animer ses soirées canadiennes, pas d'une vraie amoureuse[3]. » Le miracle, c'est de continuer de se donner à qui ne donne rien jusqu'à ce que la vie sorte de ce rien, que le don soit plus grand que le rien : « J'écartais les jambes dans les airs, un grand V au-dessus de son dos, un grand V qui un jour lui a permis d'éjaculer jusque dans mon cœur et de laver toute la pourriture qui me grugeait à petit feu[4]. »

Les conversions tardives de Kepesh, Tchéky et Lurie ne manifestent pas tant leur découverte de l'amour au contact de leur élève que la peur ou l'intuition de la mort. Si l'éros pédagogique de ces professeurs suit des cours du soir, si les professeurs de désir vont davantage à l'école de la mort qu'à celle de l'amour, on pourrait dire à leur décharge qu'ils ne sont pas les seuls à fréquenter ces cours de rattrapage. Quant aux leçons de non-savoir que donne « à corps perdu » le professeur imaginé par Larose, elles ne peuvent être entendues qu'à la condition que l'élève résiste à l'amour : « Je ne suis pas sûr qu'il soit toujours mauvais pour un mineur de se laisser aimer par un adulte. Le danger augmente si lui-même commence à aimer. Son admiration pour le maître le propose à une pénétration ravageuse. S'il aime et s'abandonne, croyant ainsi s'emparer

3. Labrèche, *La Brèche*, p. 144-145.

4. *Ibid.*, p. 155-156.

de *la chose même,* le tiers objet perd sa vertu médiatrice. » En clair, un professeur peut coucher avec son élève mais celui-ci n'a pas le droit de l'aimer, car la « pénétration ravageuse » à laquelle s'expose l'élève qui admire son professeur serait une pénétration pédagogique et non amoureuse ! Le contrat implicite entre Kepesh, Lurie, Tchéky et leurs élèves était plus simple : obéissons au désir qui fait trembler les petits oiseaux et si cela en plus vous donne le goût de lire, d'écrire, de contempler les crépuscules ou les tableaux célèbres, tant mieux. Bref, dans tous les cas que nous avons vus jusqu'à maintenant, on peut dire que la grande affaire pour le professeur a été de garder une distance non pas entre lui et l'élève mais bien entre l'amour et le sexe. Le mot d'ordre, c'est de s'attaquer à « l'éternel problème de l'attachement », d'essayer de garder la baise « pure, stérile[5] », d'éviter que l'élève confonde le maître et le savoir, la chose sensible dont il s'empare (le corps du maître) et cette présence dans la chose sensible qui lui donne plus de réalité, ou qu'il se croie le seul aimé par le professeur (« Je ne verrai que toi, je ne vois au monde que toi — cette vérité de la passion, écrit Larose, exclut radicalement la libération pédagogique de la pensée »), de sorte que le professeur puisse avoir toute la liberté requise pour dispenser, en même temps mais séparés, son savoir et son corps au plus grand nombre d'élèves sans être responsable d'aucun.

Si nous voulons voir à l'œuvre le paradoxe de la distance qui unit, paradoxe qui fonde aussi bien l'expérience amoureuse que pédagogique et en fait toute la beauté et la difficulté, il nous faut nous tourner vers une œuvre dans laquelle le désir d'apprendre et le désir d'enseigner sont indissociables du désir d'aimer. C'est ce que Gabrielle Roy, institutrice devenue écrivain, devenue écrivain peut-être pour résoudre le paradoxe de l'institutrice (pour échapper au désir), a découvert à

---

5. Roth, *La Bête qui meurt,* p. 95.

La Petite Poule d'Eau, au contact aussi bien des parents que des enfants : « Ils m'apparurent, Luzina surtout, jeunes comme au début du monde, et, venant à la vie, déjà ils étaient épris du désir d'apprendre. On pourrait tout aussi bien dire d'aimer[6]. » Si la romancière et l'institutrice embrassent d'un seul regard adultes et enfants, c'est qu'elle sait, savoir de romancière et d'institutrice, que dès que quelqu'un désire connaître le réel, il s'expose au choc de la première fois, non seulement en vertu de son inexpérience, de son ignorance, mais surtout parce que ce qu'il veut saisir ne cesse de croître, comme dit Van Gogh, est en perpétuel changement. Autant dire que ce qu'on veut vraiment apprendre, ce qui mérite vraiment d'être enseigné est ou devient quelque chose de vivant, une matière vivante, qui ne se révèle qu'au regard patiemment amoureux, ne se donne qu'à celui ou celle qui se donne. Nous ne pouvons enseigner que si nous sommes animés du désir de percer le mystère de l'être en nous approchant du mystère de l'autre (paysages ou personnes), du désir de donner à l'autre le peu que nous sommes et que nous savons pour que grandisse en nous et nous élargisse le désir de ce qui nous manque. C'est ainsi que l'institutrice de « De la truite dans l'eau glacée » aime ses élèves et plus particulièrement Médéric qui est « le plus indiscipliné » : « J'essayai deux ou trois fois de n'en faire aucun cas, de l'abandonner, puisque c'était ce qu'il voulait, à son ignorance, à son oisiveté, mais ce fut bientôt plus fort que moi, je fus reprise par la frénésie de le faire avancer coûte que coûte. Telle était alors ma fièvre, impérieuse comme l'amour, en fait c'était de l'amour, ce besoin passionné que j'eus toute ma vie, que j'ai encore de lutter pour obtenir le meilleur en chacun[7]. »

---

6. Gabrielle Roy, *La Petite Poule d'Eau,* Montréal, Fonds Gabrielle Roy, 1992, p.264

7. Gabrielle Roy, « De la truite dans l'eau glacée », dans *Ces enfants de ma vie,* Montréal, Fonds Gabrielle Roy, 1992, p.121-122.

« Obtenir le meilleur de chacun », comme on le verra, signifie à la fois recevoir le meilleur de chacun et donner à chacun le meilleur de soi. Le désir d'apprendre et le désir d'enseigner sont les deux facettes d'une même expérience amoureuse que connaissent également maîtres et élèves. Pour mieux comprendre le lien entre aimer et enseigner, remplaçons quelques instants le mot enseigner par le mot écrire, et la présence physique de l'élève par celle plus lointaine du lecteur, et nous nous retrouvons, comme au début de cet essai, avec ce qui nous pousse à contempler le crépuscule et à vouloir l'écrire, le traduire, le partager avec d'autres. Roy raconte comment « l'idée d'écrire » lui est venue un soir où, penchée à la fenêtre du grenier, elle entendit « la voix des étangs » :

> Ainsi, j'ai eu l'idée d'écrire. Quoi et pourquoi, je n'en savais rien. J'écrirais. C'était comme un amour soudain qui, d'un coup enchaîne un cœur ; c'était vraiment un fait aussi simple, aussi naïf que l'amour. [...] J'avais été l'enfant qui lit en cachette de tous, et à présent je voulais être moi-même ce livre chéri, cette vie des pages entre les mains d'un être anonyme, femme, enfant, compagnon que je retenais à moi quelques heures. Y a-t-il possession qui vaille celle-ci ? Y a-t-il un silence plus amical, une entente plus parfaite[8] ?

Ce n'est donc pas par hasard que Roy associe l'enseignement et l'écriture au désir amoureux. Aimer, écrire, enseigner, qu'est-ce donc sinon s'exposer encore davantage au mystère en voulant se l'expliquer, s'exposer à voir grandir la distance qui toujours séparera le crépuscule ou la voix des étangs de sa description littéraire ? Aimer, écrire, enseigner ne sont peut-être pas des actes dépourvus de tout égoïsme, car ils visent

---

8. Gabrielle Roy, *Rue Deschambault*, Montréal, Beauchemin, 1960, p. 219-220.

aussi à remettre à l'autre la tâche de supporter l'immensité dont on subit le choc, mais ils obéissent foncièrement au mouvement même de la vie en nous qui toujours veut croître, au désir de ne pas mourir en vertu duquel l'être n'échappe à ce qui le menace qu'en s'y abandonnant : « Consentir à l'univers, dit Weil, c'est notre fonction ici-bas[9]. » Ce qui veut dire que la meilleure façon de venir à bout du crépuscule ou de la voix des étangs, de soutenir la relation avec la beauté qu'ils manifestent, c'est à la fois de s'en éloigner pour les exprimer et de les contempler encore davantage : « Nous ne pouvons pas faire même un pas vers le ciel. La direction verticale nous est interdite. Mais si nous regardons longtemps le ciel, Dieu descend et nous enlève[10]. » C'est ce renversement constant de l'effort et de l'abandon, du dedans et du dehors que Rilke a exprimé ainsi : « Ô moi qui veux croître, je regarde dehors et c'est en moi que l'arbre croît[11] ! »

Revenons maintenant en classe et remplaçons la beauté du crépuscule ou celle des étangs qui apparemment ne nous demande rien — mais en est-on si sûr ? — par la beauté des élèves, beauté de ceux qui ne savent rien, c'est-à-dire qui sont « jeunes comme au début du monde », qui savent tout sans le savoir et se tournent vers le professeur, précisément au moment où ils risquent de tout perdre. Enseigner, aimer, c'est peut-être moins transmettre des connaissances qu'accompagner, comme le professeur idéal de Handke à peine distinct du vide, ceux qui entrent, terrifiés et fascinés, dans l'inconnu que devient l'univers dès que s'éveille en eux le désir de le connaître. L'enfant, l'élève, commence à apprendre à l'instant même où il se voit exclu de l'univers dont il faisait partie, le désir d'apprendre naît de la distance qui se creuse entre le moi

9.   Simone Weil, *Œuvres*, Paris, Gallimard, coll. « Quarto », 1999, p. 712.

10. *Ibid.*, p. 752.

11. Rainer Maria Rilke, *Les connaître et mourir,* poème daté d'août 1904, cité par Blanchot dans *L'Espace littéraire*, p. 175.

et le non-moi, et du désir de combler cette distance, de retrouver l'unité perdue. Le désir de connaître le réel, c'est le désir de « rentrer au bercail, à l'Un infini » (Plotin), de retrouver le chemin qui nous ramène chez soi. Toutes les connaissances sont comme les cailloux que le Petit-Poucet sème sur son chemin, d'où cette vieille idée qu'apprendre c'est se souvenir, que découvrir c'est perdre et retrouver. Mais ce qu'on retrouve n'est pas exactement ce qu'on a perdu, c'est ce qu'on a perdu plus le temps qu'on a mis à le retrouver. Autrement dit, ce qu'on retrouve c'est la mobilité du réel qui croît, qui vit et dont on fait partie. Ainsi le Petit-Poucet, croyant revenir sur ses pas, ne retrouvera jamais la maison qu'il a quittée, car cette maison (et lui-même) sera désormais en mouvement dans l'univers, à peine distincte des autres cailloux semés en chemin. Toute connaissance, de la grammaire à la physique, est l'aventure de la pensée, chassée hors d'elle-même, qui s'égare en de multiples chemins jusqu'à ce qu'elle rencontre ou devienne cette autre pensée capable de retrouver le plus petit dans le plus grand et le plus grand dans le plus petit. Dès qu'il a la certitude de pouvoir rentrer chez lui par le chemin qu'il a créé entre sa maison et la forêt, le Petit Poucet n'est plus perdu. Le père l'a accompagné le temps de le perdre, le temps que de l'inconnu surgisse l'idée d'un chemin, comme le professeur qui n'hésite pas à jeter l'élève dans les grandes œuvres qui « sont celles, écrit Blanchot, qui d'abord nous résistent et nous donnent la pensée qui va nous permette de les comprendre[12] ».

Le premier aspect paradoxal du désir d'apprendre et du désir d'aimer, c'est que la fin poursuivie, relation harmonieuse avec l'inconnu, l'infini fascinant et terrifiant qu'est l'autre, suppose que cette relation soit réciproque, que l'autre fasse la moitié du chemin, qu'il me donne, comme dit Blanchot, ce qui me manque pour le connaître, qu'il veuille lui

---

12. Blanchot, *L'Espace littéraire*, p. 254.

aussi me con-naître, naître avec moi. Il y a donc dans la démarche de la connaissance et de l'amour une sorte de confiance qui consiste à croire que l'autre aussi me désire, que je suis moi aussi ce qui manque à l'autre, un mystère que l'autre cherche à percer. Le deuxième aspect paradoxal, c'est que cette relation pourtant réciproque entre moi et l'autre que je veux connaître ou aimer accroît la distance qui nous sépare plutôt que de l'abolir, et crée ainsi un monde à la fois plus vaste et plus hospitalier, qui correspond à « l'espace intérieur du monde » de Rilke ou à « l'immensité intime » de Bachelard. Comme l'écrit Weil, « aimer purement, c'est consentir à la distance, c'est adorer la distance entre soi et ce qu'on aime[13] ». Évidemment, on peut toujours suspecter la valeur d'un tel amour, l'associer au mysticisme ou à la sublimation, si on réduit le désir amoureux au désir sexuel qui tend à combler la distance entre les êtres, et le désir de connaissance à la simple description ou maîtrise du réel. Mais l'adoration de la distance définit bien le désir, si on le laisse se déployer librement entre les deux forces contraires qui l'animent : désir de retenir l'autre, de piéger l'être dans les formes que notre amour et notre connaissance leur donnent, et désir de s'abandonner à ce qui est, au mouvement qui porte l'être, l'autre, au-delà de toute étreinte, de toute théorie, et nous libère en nous enchaînant à l'infini du désir qui nous relie à eux. C'est pourquoi, dernier aspect du paradoxe, on pourrait dire que l'accomplissement de la connaissance et de l'amour est renoncement à la connaissance et à l'amour. Qu'importe, me dis-je, que je sois aimé par ce que j'aime, que je sois reconnu par ce que je connais, qu'importe que je puisse décrire parfaitement le crépuscule ou pénétrer au plus secret d'un être, car l'objet même de mon désir, qui est plus grand que ma peur ou mon désir de mourir, c'est que cela, que je vais quitter, qui ne cesse de me quitter, continue d'être sans moi,

---

13. Weil, *La Pesanteur et la Grâce*, p. 71.

et alors, pendant quelques instants que j'essaie de répéter dans l'espoir que la mort coïncide avec l'un d'eux, il arrive que je devienne ce que je quitte et que plus rien alors ne puisse me quitter. L'amour et la connaissance nous apprennent ultimement que nous ne désirons qu'une chose, que « nous désirons que cela soit[14] ».

14. *Ibid.*, p. 150.

11 | L'école de l'amour

'il est difficile d'aimer et d'enseigner, si Gabrielle Roy parle des « responsabilités presque tragiques du métier d'institutrice[1] », c'est précisément qu'il faut à la fois s'attacher (désirer) et se détacher (désirer encore plus), qu'il faut à la fois vouloir dire le crépuscule et le laisser être, vouloir retourner à cet état bienheureux d'ignorance où je faisais partie de l'univers et consentir à m'en éloigner pour le connaître et me connaître, pour éprouver dans cette distance qui désormais me sépare de l'univers comme de moi-même le désir de désirer sans cesse, le désir de ne plus pouvoir cesser de désirer, et ainsi peut-être d'oublier de mourir, de ne plus pouvoir mourir. Jean Bédard écrit qu'« on ne peut enseigner sans apprendre et apprendre, c'est tout simplement faire entrer l'être en soi[2] ». Ce qui revient à dire qu'apprendre et enseigner se jouent à la frontière de ce pays qu'est l'enfance, pays que l'un s'apprête à quitter et que l'autre désire réintégrer. Le professeur a besoin de l'élève pour faire à nouveau l'expérience du début du monde sans laquelle l'enseignement est une façon de se mette à l'abri de l'être, de se figer dans une connaissance du monde plutôt que de participer à ce mouvement incessant entre le tout et la partie qui crée la pensée et le monde. L'élève reçoit du professeur les moyens de rompre la solitude et le silence où il se tenait « exposé sur les montagnes du cœur », dans lesquelles le maintenait sa « conscience

---

1. Roy, *La Petite Poule d'Eau,* p. 262

2. Jean Bédard, *Comenius ou l'art sacré de l'éducation,* Paris, Jean-Claude Lattès, 2003, p. 112.

intacte[3] » dirait Rilke, sa connaissance immédiate du monde, et d'accéder ainsi au bonheur étrange (empreint de tristesse) de redoubler et ressaisir le monde grâce à la distance que crée le mot, l'image, le chiffre. La véritable relation entre le professeur et l'élève est non seulement un échange de savoir et d'ignorance, mais aussi un échange entre la connaissance et l'ignorance, l'une donnant à l'autre ce qu'elle n'a plus ou n'a pas encore.

C'est ce qu'illustre parfaitement « De la truite dans l'eau glacée ». Médéric est un jeune garçon rebelle qui n'a de relation véritable qu'avec son cheval et la nature, jusqu'à ce qu'il tombe amoureux de sa jeune institutrice qui peu à peu l'apprivoise, mais qui se laisse entraîner par lui « au-delà des livres », du côté sauvage des choses. Un jour, Médéric découvre, dans l'encyclopédie à laquelle l'institutrice l'a conduit, ce qu'il a vu en montagne : « Ça dit exactement ce que j'ai vu ! s'écria-t-il, dans l'étonnement joyeux de se voir appuyé par le gros livre imposant[4]. » Le bonheur de Médéric, c'est de retrouver ce dont l'école le prive, d'être tout à coup plus grand que la montagne sinon son égal puisqu'il peut ainsi la retenir dans un mot, une image, bonheur semblable à celui de pouvoir prendre dans sa main les truites dans l'eau glacée de la source. Mais son bonheur encyclopédique tient aussi au fait qu'il peut partager son bonheur édénique, le communiquer et pour ainsi dire le révéler à qui ne le connaît pas ou l'a perdu :

> Je peux dire que je connus l'instant précis où s'éveilla en Médéric l'amour des livres et j'en fus certainement heureuse au plus haut point. Pourtant, que c'est curieux, dès lors que

---

3.   Rilke, cité par Philippe Jaccottet dans *Rilke,* Paris, Éditions du Seuil, coll. « Écrivains de toujours », 1976, p. 121.

4.   Roy, « De la truite dans l'eau glacée », *Ces enfants de ma vie,* p. 131. Désormais, dans ce chapitre, tous les renvois à ce livre se feront entre parenthèses dans le corps du texte.

lui découvrait le contentement de retrouver dans le consigné le mouvement, les surprises, les énigmes de la vie, voici que moi-même ne rêvait plus que de retourner, au-delà des livres, à ce qui leur avait donné naissance et ne s'épuisait pas en eux. (131)

La difficulté de la relation entre l'élève et le professeur, de cet échange constant d'ignorance et de savoir, est ici d'autant plus grande que Médéric « n'était qu'un enfant » (treize ou quatorze ans) et que l'institutrice, à dix-huit ans, n'est pas encore tout à fait une adulte : « [...] à peine sortie des rêves de l'adolescence, si mal encore résignée à la vie d'adulte que, de ma classe, tôt le matin, lorsque je voyais apparaître mes petits élèves sur la plaine fraîche comme l'aube du monde, j'avais l'impression que j'aurais dû courir vers eux, me mettre à jamais de leur côté et non les attendre au piège de l'école. » (122)

C'est ainsi que l'institutrice, rêvant « de retrouver accès à la frontière perdue », demande un jour à Médéric, « sans s'arrêter à considérer sur quelle folle pente [elle] glissait » (132), de le conduire, en montagne, à cette fameuse source où les truites se laissent prendre dans nos mains. Rendus là-haut, les deux vivent des moments parfaits : « attentifs chacun pour soi au paysage qui nous unissait » (137), « mon âme s'élargissait d'aise et de bonheur » (136). De quoi est fait ce bonheur au juste ? De la découverte que l'univers, lorsqu'on y consent, loin de nous menacer ou de nous isoler, est une maison ouverte dans laquelle nous pouvons être à la fois seuls et avec quelqu'un, comme réunis en dehors de nous-mêmes. Cette découverte est liée « au spectacle qu'on obtient d'une certaine hauteur », celui de la plaine dont l'institutrice voit pour la première fois « la beauté transfigurée » (136) qui tient au fait que la plaine est immobile et en mouvement, visible dans chaque partie qui la compose et dans le « plan infini » où elle disparaît. D'abord l'institutrice et Médéric, gravissant la colline, « nos deux chevaux tête contre tête », voient dans le paysage de la plaine « d'innombrables détails captivants, par exemple, proche du ciel azur, cette terre fraîchement retournée, d'un noir aussi lustré que le feu de l'oiseau sombre qui la survolait » (137). Étant eux-mêmes en mouvement, ils voient « croître les choses », comme dit Van Gogh, perçoivent la multiplicité mobile du réel. C'est ainsi que la plaine leur « était rendue, toute immobilité, et cependant d'un mouvement, d'un élan irrésistible » (136). Puis, lorsqu'ils approchent du sommet, vient le deuxième temps de l'expérience, l'instant où la vie s'élargit en s'immobilisant, où les parties rentrent dans le tout :

> Pourtant, ce n'était par aucun de ses aspects, mêmes les plus rares que la plaine prenait le cœur, mais au contraire, parce que, à la fin, ils disparaissaient tous en elle. Car si, au début, on voyait ceci et cela, et surtout le printemps dans son clos, bientôt on n'était plus conscient que de l'immuable. Les vagues rentrent dans la mer, les arbres dans la forêt, et de même, à la longue, presque tout indice de vie humaine, presque tout détail, dans le plan infini de la plaine. (137)

Combien de temps peut-on contempler ainsi l'immuable, se sentir plus grand que soi, presque immortel, sans être rattrapé par le désir à nouveau d'être soi, d'être à nouveau vivant plutôt qu'immortel ? Combien de temps peut durer cette perfection qui consiste, selon Weil, à « rester immobile et s'unir à ce qu'on désire et dont on n'approche pas[5] » ? Jusqu'ici le parcours de l'institutrice et de l'élève est sans faute, pourrait-on dire, parce que leur relation est médiatisée par « le plan infini de la plaine », ils sont conscients de la présence de l'autre à leur côté, mais ne se rencontrent que dans ce qu'ils voient : « Et attentifs chacun pour soi au paysage qui nous unissait. Comme tout espace grand et libre, ce qu'il nous inspirait

---

5. Weil, *La Pesanteur et la Grâce,* p. 150.

devait être une confiance rêveuse et pourtant inébranlable envers la vie, ce que nous deviendrions, le visage que nous acquerrions avec le temps. » (137-138) Se tenir ainsi au seuil de la vie sans avoir à être quelqu'un, se sentir tout-puissant d'un pouvoir qu'on n'exerce pas encore, être animé d'un désir dont l'objet n'est plus « ceci ou cela, et surtout le printemps dans son clos » (137), mais « le plan infini de la plaine », correspond au bonheur de contempler le crépuscule du Sussex ou d'entendre la voix des étangs, bonheur interrompu par le désir de l'exprimer et le partager : « Combien de temps sommes-nous restés là en selle pour voir encore de plus haut toutes choses et peut-être un peu l'avenir se déroulant à nos yeux ? » (138) Si cette perfection et ce bonheur d'être hors du temps durent trop longtemps, si le désir de l'infini ne s'enracine plus dans le fini, tôt ou tard « la confiance rêveuse et inébranlable envers la vie » va se changer, comme le dit Artaud, en « une fatigue de commencement du monde », fatigue du monde figé en son commencement. L'institutrice et Médéric, n'en déplaise à Weil qui s'est tenue à cette perfection jusqu'à en mourir, devront redescendre de la montagne. Le professeur et l'élève qui se tiennent à une telle hauteur, là où les a conduits la contemplation de « tout espace grand et libre » ou la traduction de cet espace, devront trouver le moyen de rentrer dans le temps, dans leur corps sans trop souffrir de ne plus être presque immortels, sans trop s'éloigner du mystère qu'ils viennent d'entrevoir. Ce mystère, c'est la rencontre du commencement et de la fin, la fin vue « du haut de l'étroit plateau aménagé en belvédère au faîte des collines » (138), là où la plaine finit dans l'« immuable » et la disparition de « presque tout indice humain », et le commencement niché « dans l'étroit vallon », là où se trouve la source dans laquelle les truites se reproduisent. Ce qui est demandé au professeur et à l'élève, comme à tout être humain, c'est de s'abandonner avec confiance à ce mouvement même de la vie qui nous chasse pour ainsi dire de l'éternité, nous condamne déjà à mourir, mêle le commencement et la fin aussi bien que la joie et la tristesse. Comme les truites qui n'ont pas peur de la main qui les prend, qui ont la naïveté de croire sans doute que cela fait partie de la vie :

> C'est un mystère, dit Médéric, glissant du regard et de la voix dans une révérence profonde et, les yeux chargés d'une lente compréhension où une tristesse montante, lointaine, menaçait, à peine encore, le privilège d'être présent à tant de joies à la fois dans le monde, il murmura : c'est plein de mystère, vous ne trouvez pas ? (140)

Cette tristesse, c'est celle de revenir en soi, de redevenir une forme, une partie à nouveau détachée du tout. Ceux qui étaient « présents » à tout ce qui est, qui pouvaient d'un seul regard embrasser l'être du début à la fin, qui étaient en quelque sorte devenus le monde qu'ils contemplaient, doivent « mourir » à cela, à cette joie de ne plus pouvoir mourir parce que déjà mort ou pas encore vivant, ils doivent recommencer à vivre dans le mobile et le multiple, sortir de la mer et redevenir des vagues. Rappelons-nous la fin du roman *Les Vagues* où Bernard, qui s'était débarrassé du « manteau du moi », doit à nouveau l'endosser, recommencer à désirer, s'immerger dans le temps pour redevenir mortel et repousser la mort qui approche : « Et en moi aussi, la marée monte. La vague se gonfle, elle se recourbe. Une fois de plus, je sens renaître en moi un nouveau désir ; sous moi quelque chose se redresse comme un cheval fier que son cavalier éperonne et retient tour à tour[6]. »

Quand Médéric propose d'aller voir si les truites sont au rendez-vous dans la source et que l'institutrice le suit, c'est le désir qui passe d'un pôle à l'autre, qui rétablit le courant entre la fin et le commencement. Ce « nouveau désir » est aussi juste et nécessaire que le désir précédent de voir de plus haut toutes

---

6. Woolf, *Les Vagues,* p. 317.

choses devenir immuables. Les truites, que l'élève et l'institutrice vont prendre dans leurs mains, à tel moment précis, font partie du même « espace grand et libre » qui, vu du sommet des collines, se déroule jusque dans l'avenir. La main et le regard attrapent le même objet, les deux bouts du même objet, le début et la fin de l'instant, de la vie. Jusque-là, malgré la connotation sexuelle de la scène (mais une truite est parfois une truite, comme dirait Freud), l'institutrice n'a commis aucune faute, car la seule faute, c'est de se fixer à l'un des pôles du désir et ainsi de rompre le lien entre le fini et l'infini, entre le moi et le non-moi qu'est l'autre, le monde. L'institutrice et Médéric ne se sont pas dérobés à ce qui les aspire en le ramenant à eux-mêmes ou en le projetant sur l'autre, ils sont encore « attentifs chacun pour soi au paysage qui [les] unit », liés par le mystère de ce qui les unit aux truites comme au « plan infini de la plaine ». Ils ne sont pas (encore) enfermés dans la conscience malheureuse de leurs limites qu'ils désirent transgresser, mais ne sont plus tout à fait dans le bonheur d'être unis à tout ce qui est, conscients de leur propre différence au contact des truites qui sont « de fuyantes petites créatures » (140) même si elles semblent se laisser apprivoiser. D'où « la tristesse montante, lointaine » d'être bientôt séparés, et le désir d'abolir cette distance en s'emparant de ce qui fuit, échappe. Bref, jusque-là, la loi de la distance qui permet la relation avec le monde et l'autre a été respectée, et c'est Médéric qui rappelle l'institutrice à l'ordre lorsqu'elle est sur le point de l'enfreindre, lorsqu'elle « badine » avec sa tâche :

— Nous pourrions en pêcher sans peine pour notre repas, ai-je dit en badinage
— Ah, mamzelle, ce serait un crime !
— Pourquoi donc ?
— Mais… parce que… ici… elles sont con… fi… antes. (140)

Le mot qu'il utilise pour définir la relation avec les truites de la source est le même que la narratrice utilisait pour décrire le sentiment que lui procurait la relation avec le paysage contemplé : « Comme tout espace grand et libre, ce qu'il nous inspirait devait être une confiance rêveuse et pourtant iné- branlable envers la vie. » (138) Les truites dans la source sont confiantes, elles font confiance à la vie, croient que les mains dans lesquelles elles se laissent prendre font partie de cet espace protégé où la vie recommence. La réponse de l'élève à l'institutrice qui lui demande quelle différence entre les truites d'en haut (dans la source) et celles d'en bas (dans le ruisseau), pourrait être la réponse à tous ceux qui se demandent pour- quoi l'inceste est interdit, pourquoi un professeur ne doit pas coucher avec ses élèves :

> — Mais nous en pêcherons en bas pour les faire rôtir au poê- lon comme tu me l'as promis. Où est la différence ?
> Il me considéra avec une vive surprise.
> — Mais parce que celles d'en bas ne seront pas en confiance. Elles auront leur chance de se sau… ver. Ce n'est pas la même chose.
> — Tu as bien raison. C'est loin en effet d'être la même chose. Et pourtant ! (141)

Difficile de ne pas voir l'analogie entre ces truites et les élèves, puisque l'institutrice elle-même le fait avant même d'accompagner Médéric en forêt, lorsque celui-ci lui parle pour la première fois de ces truites « qui se laissent prendre et caresser » :

> Prendre et caresser, reprit-il rêveusement, et ses yeux d'un violet alangui, son visage à nu révélaient l'amour à son plus délicat. Je découvrais encore une fois, et toujours avec la même surprise profonde, que le premier élan d'amour, à l'adolescence, est pour les petites créatures de l'eau et de la terre. Je voyais passer sur son visage le frémissement joyeux que lui avait procuré la sensation de tenir, tout consentant

entre ses mains, le poisson le plus méfiant du monde, et me disais que ce serait bientôt son tour d'être pris, vulnérable comme je le découvrais, si moi-même je me montrais assez habile. (129-130)

En bas de la colline, dans le ruisseau, les truites ne sont plus à l'école, ne sont plus dans cet espace et ce temps protégés de la source où elles ont été conçues et reviennent pour ne pas mourir, pour se reproduire. De même l'école doit être ce lieu où l'élève guidé par le maître en qui il a confiance, à qui il consent comme il consentait à l'univers, apprend que c'est le même mouvement qui lui fait aimer « les petites créatures de l'eau et de la terre » et son institutrice, bref qu'il y a un chemin entre ce qu'il a été et ce qu'il va devenir : « Le maître, écrit Steiner, pose les mains sur ce que nous tenons pour l'âme et les racines de l'être. » Qu'y a-t-il aux racines de l'être, qu'est-ce qui va permettre à l'élève de se singulariser, de développer ses possibilités ? L'être précisément, l'être que tout être désire, l'expérience de cet espace sacré que Weil appelle le beau : « Le beau est un attrait charnel qui tient à distance et implique une renonciation. Y compris la renonciation la plus intime, celle de l'imagination. On veut manger tous les autres objets de désir. Le beau est ce qu'on désire sans vouloir le manger. Nous désirons que cela soit[7]. » De la même façon que Baudelaire dit que « le génie, c'est l'enfance retrouvée à volonté », l'école est ce lieu unique où professeur et élèves acquièrent la certitude de pouvoir remonter à la source, retrouver cet « espace grand et libre » dont ils doivent s'éloigner pour grandir, devenir adultes comme dit Michaux, c'est-à-dire capables d'accepter leurs limites, d'être une partie vivante du tout : « Il me revient d'ailleurs maintenant que les instants de pure confiance que j'ai connus dans ma vie ont tous été liés à cette sorte d'impré-cision heureuse que nous avons eu le bonheur de connaître

---

7. Weil, *La Pesanteur et la Grâce*, p. 150.

Médéric et moi, du haut de l'étroit plateau aménagé en belvédère au faîte des collines. » (138)

La preuve que l'imprudence de l'institutrice n'a pas détruit sa relation avec Médéric, c'est que cette excursion dans les collines, y compris l'épisode des truites, est devenue pour elle la source de tous « ces instants de pure confiance », que Woolf appelle « *moments of being* » et Broch « actes d'identification », qui sont des moments d'accord avec l'être, un peu comme le temps pur que Proust retrouve, sous des couches de mensonges, conservé intact dans certains épisodes de sa vie (la petite madeleine, les pavés de la place Saint-Marc, etc.). Comment savoir si ce qu'on a fait est bien ou non ? Réponse possible : si ce qu'on a fait continue de vivre en nous comme source inépuisable de vie, et nous procure ce sentiment d'être immortel qui s'enracine dans la certitude d'être relié au monde, à ce qui nous échappe. Il est permis de penser que cette excursion, comme toute sa relation avec l'institutrice, ait eu pour Médéric la même valeur fondatrice, car s'il n'avait pas besoin de l'institutrice pour aller dans les collines, il avait besoin d'elle pour pouvoir les quitter avec la promesse de pouvoir y revenir ou de pouvoir les retrouver semblables dans un livre et intactes en lui-même. Cette confiance en l'avenir, qui est toujours confiance en soi-même, lui aura été donnée par le regard amoureux de l'institutrice qui embrasse à la fois l'élève et les collines de sorte que l'élève se découvre désirable, aussi beau et aimable que ses chères collines qu'il a révélées à l'institutrice. Mais, paradoxalement, dès l'instant où l'institutrice est intimement liée à cette confiance et à cet amour des collines, c'est elle qui risque de les détruire ou de les soumettre à la plus grande épreuve. C'est pourquoi Steiner insiste sur la gravité de l'enseignement :

> Enseigner sans une grave appréhension, sans une révérence troublée pour les risques impliqués, est une frivolité. Le faire sans considérer les possibles conséquences personnelles et sociales est cécité. Le grand enseignement est celui qui

éveille des doutes chez l'élève, qui est école de dissension. C'est préparer le disciple au départ (« Quitte-moi maintenant », commande Zarathoustra). Au terme, un maître valable doit être seul[8].

C'est la seconde imprudence de l'institutrice (accepter l'invitation à souper chez le père de Médéric) qui va lui révéler encore plus clairement la frontière à ne pas franchir pour ne pas détruire cette confiance qu'elle a inspirée à son élève et qui lui est nécessaire pour se détacher de ses collines, de son père, et ultimement d'elle. Au retour de ce souper pendant lequel le père interprète brutalement leur relation comme des fréquentations amoureuses qu'il encourage, l'institutrice et l'élève se retrouvent « dans la demi-obscurité de la berline, les yeux luisants de l'heureuse surexcitation de [se] voir livrés ensemble à la passion grondante du ciel et de la terre » (148). La peur d'être perdus pour de bon, de mourir gelés dans la plaine balayée par le blizzard, a pour effet de les rapprocher dangereusement, de les livrer au désir contradictoire d'échapper à la tempête et d'y sombrer, désir de mourir pour échapper à la souffrance de ne pouvoir vivre la passion qui les pousse l'un vers l'autre et désir de mourir en s'abandonnant à cette passion, désir de ne pas y survivre :

> Je tendis la main pour prendre la sienne dans le souci de le réconforter, mais retins mon geste, consciente que je ne l'oserais plus jamais maintenant, que je ne le devais plus ; et du sentiment de cette privation me vint une peine confuse qui semblait s'étendre sur un avenir imprécis, car je ne savais trop qui était à plaindre, ou lui, ou moi, ou tout être qui, en atteignant l'âge adulte, perd une part vive de son âme avec sa spontanéité en partie détruite. (155)

---

8. Steiner, *Maîtres et Disciples*, p. 108.

Ce qui était encore possible en haut dans les collines, c'est-à-dire la relation amoureuse de deux êtres médiatisée par la contemplation du mystère du monde, la confiance envers la vie qui naît et recommence toujours d'un accord avec l'« espace grand et libre », n'est plus possible ou est maintenant fort menacé. La différence entre l'épisode des truites et celui de la tempête est bien marquée par le fait que, lors du second, les deux personnages sont à la fois coupés du dehors, enfermés dans la berline, et livrés au dehors qui prend désormais la forme d'une menace. On pourrait presque affirmer qu'il y a un lien entre le désir perçu comme une perte d'innocence (destruction d'une « part vive de l'âme ») et la peur du monde dont on est retranché. Le désir était présent dans les collines, mais il était pour ainsi dire répandu dans le paysage, relié au mouvement de la vie qui animait même la plaine « d'un élan irrésistible », de sorte qu'il perdait de sa violence en s'élargissant, en s'immobilisant dans l'« immuable ». Ce qui protégeait l'institutrice et l'élève du danger de devenir l'un pour l'autre l'unique objet du désir, c'était le dehors, l'immensité intime du dehors dont ils n'arrivaient pas à se détacher, le dehors qui n'est pas répression ou négation du désir, mais au contraire son ultime objet et sa source. Alain Roy, dans sa rigoureuse étude psychanalytique de « De la truite dans l'eau glacée », soutient que c'est la peur et le dégoût du sexe qui explique la résistance de l'institutrice : « Le rejet de la sexualité, qui fait peur et dégoûte, se traduit naturellement chez la narratrice par *un refus de devenir adulte*. Car devenir adulte, cela consiste à entrer dans l'âge impur des désirs sexuels[9]. » Alain Roy a raison d'affirmer que nous sommes en présence d'une « maîtresse-enfant[10] » qui « rêve de rester enfant […] habitée par la nostalgie de cet âge béni et paradisiaque d'avant

9. Alain Roy, *Gabrielle Roy. L'idylle et le désir fantôme*, Montréal, Boréal, coll. « Les cahiers Gabrielle Roy », 2004, p. 192.

10. *Ibid.*, p. 185.

la puberté[11] », et que ce texte s'inscrit bien dans toute l'œuvre de Roy qu'on peut rattacher à l'« enfant trouvé », selon la typologie de Marthe Robert : « À strictement parler il n'y a que deux façons de faire un roman : celle du Bâtard réaliste, qui seconde le monde tout en l'attaquant de front ; celle de l'Enfant trouvé qui, faute de connaissances et de moyens d'action, esquive le combat par la fuite ou la bouderie[12]. »

Je ne suis pas convaincu que le désir de l'enfance soit uniquement de la nostalgie puisqu'on peut tout aussi bien y voir, comme Baudelaire, l'essence même du pouvoir de création, ni que cette nostalgie soit pédagogiquement condamnable, car si elle était totalement absente du professeur ou que l'élève ne réussissait pas à l'éveiller dans le professeur, comment ce dernier pourrait-il rejoindre l'élève là où il est et l'aider à en sortir ? Comment le professeur peut-il enseigner s'il n'a plus le désir d'apprendre ? Là où la nostalgie devient régressive, devient une fuite plutôt qu'un recommencement, c'est lorsque le professeur « a tant de peine à voir transparaître l'homme dans un visage d'enfant alors que c'est la plus belle chose du monde que de voir revenir l'enfant chez l'homme » (174). Cet aveu de l'institutrice explique sans doute que Roy va abandonner le métier d'enseigner devant la difficulté d'avoir constamment un pied dans l'enfance et un pied en dehors : « Ce n'est pas celui qui enseigne sans discontinuer qui est un maître, mais celui qui brusquement apprend[13]. » Ceci dit, je ne crois pas qu'on puisse condamner tous les professeurs ou les romanciers « enfants trouvés » qui travaillent surtout à partir d'une conscience « prépubère », ni décréter la supériorité des professeurs ou romanciers « bâtards » qui

11. *Ibid.*, p. 193,

12. Marthe Robert, *Roman des origines et origine du roman,* Paris, Gallimard, coll. « Tel », 1972, p. 74.

13. Erri De Luca, *Première heure,* Paris, Payot et Rivages, coll. « Bibliothèque Rivages », 2000, p. 114.

n'ont pas peur du sexe et ont résolument tourné le dos au monde de l'enfance. Kepesh et Lurie ne faisaient pas trop dans la nostalgie d'un monde pur de toute sexualité, ils étaient très à l'aise « dans l'âge impur des désirs sexuels », et pourtant ils étaient incapables d'enseigner, enfermés dans cet autre narcissisme qui guette ceux qui n'obéissent qu'« au dieu qui ébranle les petits oiseaux ». Un bon professeur et un bon romancier, même s'ils habitent naturellement d'un côté de la frontière tracée par la puberté plutôt que de l'autre, devraient idéalement pouvoir passer constamment cette frontière et ainsi rattacher le fini à l'infini. À une époque où les « bâtards » dominent, je crois que « la peur du sexe » et « la sublimation » est une voie nécessaire qui a le mérite de remettre l'élève et le lecteur en contact avec la totalité du réel, qui s'étend au-delà de ce que la main et le regard peuvent étreindre. En tout cas, cette voie est sans conteste préférable à celle qui consiste à céder à la pulsion sexuelle pour aider l'élève à devenir un adulte. Alain Roy, qui voit en Kepesh le héros de la virilité mûrie, reconnaît, je crois sans ironie, mais peut-être en la minimisant, la valeur de l'« héroïque vigilance de la maîtresse qui, contrairement à nombre de nos professeurs d'université, réussit à maintenir chaste sa relation avec l'élève, ce pourquoi elle mérite bien entendu nos plus hautes louanges[14] ».

Mais alors, se demande Alain Roy, « quel est donc le tort de l'institutrice ? À première vue, il semble que c'est de n'avoir pu garder Médéric à l'intérieur de la salle de classe, autrement dit d'avoir permis *la rupture de la relation pédagogique*[15] », ce qui ne signifie pas que le désir doit être absent de la relation pédagogique, mais qu'il doit se développer dans les limites de la salle de classe : « espace clos et en marge du monde, la salle de classe permet de se dérober à la violence des désirs non

---

14. Roy, *Gabrielle Roy. L'idylle et le désir fantôme*, p. 157.

15. *Ibid.*, p. 165.

sublimés[16]. » Dès l'instant où l'institutrice sort de la classe, pour aller avec Médéric dans ses collines ou chez son père, elle rompt la relation pédagogique, mais elle la rétablit aussitôt en conservant chaste la relation amoureuse, en gardant pure et vivante la distance nécessaire à la formation du moi de Médéric qui désormais ne pourra voir la plaine, les collines ou la source qu'en s'en détachant, et ne pourra les retrouver qu'en laissant grandir en lui le désir, comme dit Weil, « que cela soit ». L'institutrice s'acquitterait donc, malgré tout, de sa double tâche d'aimer et d'enseigner, puisque « par l'effet de sa volonté, comme l'écrit Alain Roy, l'éros se trouve détourné vers de nouveaux buts. Ainsi s'affirme l'instance du *moi, qui fait acte de maîtrise* en cherchant à présider aux destinées de la pulsion[17] ». Certes, on peut lui reprocher son inconstance, son instabilité qu'éprouve cruellement Médéric soumis à des messages contradictoires. C'est ainsi qu'après s'être abandonnée à sa rêverie amoureuse — « Dans cette berline, avec toi et Gaspard, j'irais bien jusqu'au bout du monde » (162) —, elle se fit « aussi maîtresse d'école que possible » (168) refusant, par exemple, d'aller au cinéma avec lui : « Mais, dit-il, en reproche douloureux, vous ne viendriez plus jamais avec moi dans les collines ou même sur la route dans la berline. — Non, Médéric, ces choses sont finies pour moi. » (169) Comme le dit Alain Roy, cette attitude a des effets néfastes sur Médéric : « Accablé de messages contradictoires, l'adolescent est plongé dans une situation de double contrainte : quoi qu'il fasse, qu'il tente de se rapprocher ou de se distancier de sa maîtresse, celle-ci lui fait comprendre, implicitement ou non, que son comportement *est toujours inadéquat*[18]. » Néanmoins, peut-on affirmer « que l'histoire racontée par "De la truite dans

---

16. *Ibid.,* p. 199.

17. *Ibid.,* p. 202.

18. *Ibid.,* p. 183.

l'eau glacée" est celle d'un double échec[19] », échec de la relation amoureuse et pédagogique ?

Échec de la relation pédagogique ? Pour Alain Roy, comme pour l'institutrice qui se reproche « ses maladresses sans nom » (180), cet échec ne fait aucun doute, d'une part parce que l'institutrice a obéi davantage à ce que Alain Roy appelle « la fascination narcissique » qu'à une volonté de remplir son rôle d'« accoucheuse d'esprit[20] », d'autre part parce que la transgression des limites de la classe a soumis Médéric à la souffrance des messages contradictoires à laquelle il n'a pu échapper qu'en quittant l'école, vraisemblablement pour retourner à sa vie antérieure (vivre en liberté dans la nature avec son cheval). Si je reconnais, moi aussi, les imprudences de l'institutrice, je ne suis pas convaincu que le narcissisme et la grande volonté de contrôle — « j'éprouvais, dit-elle, le sentiment d'une incroyable emprise sur les enfants, l'enivrante assurance de laisser dans leur vie un souvenir que rien ne pourra effacer » (182) — dont elle aurait fait preuve aient été néfastes pour les élèves et pour Médéric. Ce qu'Alain Roy appelle du narcissisme relève plutôt, selon moi, de cette reconnaissance réciproque du professeur et de l'élève qui s'échangent ignorance et savoir. Quant à la volonté « de tirer coûte que coûte le meilleur de chacun », doit-on y voir un désir de dominer, d'assujettir, de contrôler l'élève ? Pour Jacques Rancière, la seule et véritable tâche pédagogique, c'est l'exercice de cette volonté par laquelle le maître oblige l'élève à chercher à apprendre par lui-même et contrôle l'effort de l'élève à bien faire son travail. Non pas transmettre des connaissances mais contraindre l'élève à mettre son intelligence en marche : « Il y a une volonté qui commande et une intelligence qui obéit. Appelons attention l'acte qui fait marcher cette intelligence sous la contrainte absolue d'une volonté[21]. »

---

19. *Ibid.,* p. 164.

20. *Ibid.,* p. 171.

21. Jacques Rancière, *Le Maître ignorant,* Paris, Fayard, coll. « 10/18 », p. 45.

Le bon maître n'est pas celui qui écrase l'élève sous le poids de son savoir, ni même celui qui le guide de question en question vers des réponses qu'il connaît déjà, qu'il cache dans sa manche, c'est celui qui est capable de « révéler une intelligence à elle-même », qui « commande une parole, c'est-à-dire la manifestation d'une intelligence qui s'ignorait ou se délaissait[22] ». Je trouve que l'institutrice fait preuve d'une grande sagesse, qu'elle applique sans le savoir la méthode du « maître ignorant », quand elle invite Médéric à être lui-même plutôt que de le ramener à l'échec de ses devoirs : « Ses devoirs ne valaient plus rien. Il restait égaré des heures dans une sorte d'inertie pénible, faisant penser à un voyageur au fond d'une plaine sans repères […] je cherchais de toutes mes forces à le tirer vers les tendresses qu'il avait eues pour la nature, lui rappelant ceci et cela qu'il avait aimé au point de me les faire aimer. » (166) Médéric « s'enfuit de l'école, au pas de course, comme un enfant chassé » (177), pour moins souffrir de la distance que l'institutrice a rétablie entre eux, mais c'est dans la souffrance de cette distance qu'il va découvrir son propre monde, sa véritable intelligence, en vertu de cette loi qu'on ne possède vraiment que ce qu'on a perdu et retrouvé. Si son goût pour l'étude a disparu, sauf pour l'encyclopédie — « À part l'encyclopédie, il me faut bien convenir que les livres ne retinrent pas longtemps l'attention de Médéric » (143) —, c'est qu'il a appris à reconnaître le réel reproduit, nommé et expliqué, il a appris que le savoir est traduction et prolongement d'une expérience par un langage (mots ou images) qui instaure dans l'intelligence la possibilité de communiquer avec autrui, mais surtout avec soi-même. La possibilité pour l'intelligence d'un retour sur soi est ce qui fait de nous des humains. En lui mettant l'encyclopédie dans les mains, l'institutrice aura permis à Médéric de faire cette expérience qui définit, selon Rancière, la fin de l'enseignement, à savoir « la

---

22. *Ibid.*, p. 51.

révélation d'une intelligence à elle-même » : « Il y était sans cesse plongé, à la recherche d'une corroboration de ce qu'il avait découvert seul dans la nature ou imaginé. » (143)

Première chose à retenir : ce que Médéric sait (voir et dire, voir et traduire ce qu'il a vu), il l'a appris seul. Deuxième chose : ce savoir n'est pas tant une connaissance qu'une reconnaissance, ce n'est pas tant quelque chose qui a été atteint qu'une voie, qu'un chemin qui n'a pas de fin. Pour apprendre, il sait maintenant qu'il faut « voir et dire, faire attention à ce qu'on voit et à ce qu'on dit[23] ». Et on peut penser qu'il sait maintenant tout ce qu'il doit savoir pour tout apprendre, un peu comme les élèves du maître ignorant qui, après avoir appris seuls le français en comparant l'original du *Télémaque* de Fénelon et sa traduction hollandaise, ont pu tout apprendre, aussi bien la musique que les mathématiques, car « toute la connaissance de soi comme intelligence est dans la maîtrise d'un livre, d'un chapitre, d'une phrase. D'un mot[24] ». Qu'a fait Médéric, qu'a-t-il appris dans la classe de l'institutrice ? Il a comparé deux choses, un fossile ou un oiseau vus en forêt et leur traduction dans un livre, comme les élèves du maître ignorant qui avaient appris une langue étrangère « en observant et en retenant, en répétant et en vérifiant, en rapportant ce qu'ils cherchaient à connaître à ce qu'ils connaissaient déjà, en faisant et en réfléchissant à ce qu'ils avaient fait[25] ».

Médéric n'a plus besoin de l'institutrice pour apprendre, car celle-ci l'a émancipé, en a fait son égal, en lui révélant sa propre intelligence, c'est-à-dire sa capacité à traduire le monde dont il avait une connaissance muette, naïve, intime, à faire se réfléchir le monde, à la fois semblable et différent, dans les mots et les images. Émanciper quelqu'un « donne la

---

23. *Ibid.*, p. 46.

24. *Ibid.*

25. *Ibid.*, p. 21.

conscience de ce que peut une intelligence quand elle se considère comme égale à toute autre et considère toute autre comme égale à la sienne[26] ». Le fait que Médéric ait quitté l'école ne signifie pas nécessairement qu'il va cesser d'apprendre, que loin de l'école (de l'institutrice) son intelligence va disparaître : « Qui enseigne sans émanciper abrutit. Et qui émancipe n'a pas à se préoccuper de ce que l'émancipé doit apprendre. Il apprendra ce qu'il voudra, rien peut-être. Il saura ce qu'il peut apprendre car la même intelligence est à l'œuvre dans toutes les productions de l'art humain, qu'un homme peut toujours comprendre la parole d'un autre homme[27]. » Bref, la relation entre l'institutrice et Médéric, loin d'être un échec, me semble, au contraire, correspondre à cet idéal de l'enseignement : « Éveiller chez un autre être humain des pouvoirs, des rêves au-delà des siens[28]. »

Mais qu'en est-il de la relation amoureuse ? Est-elle un échec, comme l'affirme Alain Roy ? Avant de répondre à cette question, pour bien y répondre, il importe, comme le fait l'essayiste, de distinguer le point de vue de l'élève de celui de l'institutrice. Selon lui, l'institutrice n'est pas vraiment amoureuse : « En effet, du point de vue de l'institutrice, l'hypothèse ou le fantasme d'une relation amoureuse avec Médéric n'a pas de réelle consistance, bien qu'elle surgisse momentanément dans son esprit. Pour elle, l'amour est moins une chose voulue ou possible qu'une chose à combattre […][29]. » Ce jugement s'inscrit dans la thèse défendue par Alain Roy, à savoir que toute l'œuvre de Gabrielle Roy, après *Bonheur d'occasion*, consiste à « neutraliser la question du désir », à rendre le désir fantomatique en le détournant vers l'idylle : « L'idylle a pour but de contourner cette spirale infernale du désir et du

---

26. *Ibid.*, p. 68.

27. *Ibid.*, p. 33.

28. Steiner, *Maîtres et Disciples*, p. 185.

29. Roy, *Gabrielle Roy. L'idylle et le désir fantôme*, p. 164.

manque en instaurant le règne de la *plénitude* : alors, désir et manque semblent disparaître magiquement tandis que s'installe une forme de paix découlant de l'abolition des états de joie et de déplaisir trop prononcés[30]. » Pour Alain Roy, l'idylle n'est pas la relation à un monde qui se situerait au-delà du désir, mais en deçà du désir, la plénitude idyllique ne serait pas ce qu'atteint, par exemple, le prince Mychkine dans *L'Idiot*, « l'homme du désir le plus lointain dans l'univers du désir le plus proche[31] », mais une sorte d'auto-consolation qui serait « l'objectif secret de l'écriture idyllique[32] ».

Évidemment, si on considère que la seule façon d'obéir à l'éros est l'acte sexuel, qu'il n'y a pas de relation amoureuse sans sexualité, on ne peut pas accorder beaucoup d'importance ni même de véritable existence à l'amour que l'institutrice porte à Médéric. Quand l'institutrice déclare que ce qu'elle éprouve en enseignant est de l'amour — « Tel était alors ma fièvre, impérieuse comme l'amour, en fait, c'était de l'amour, ce passionné besoin que j'eus toute ma vie, que j'ai encore de lutter pour obtenir le meilleur en chacun » (121-122) —, quand elle dit que Médéric et elle, dans les collines, sont devenus « silencieux. Graves aussi. Et attentifs chacun pour soi au paysage qui [les] unissait » (137), que « de part en part de la source, les yeux dans les yeux, nous échangions des impressions si ressemblantes qu'elles amenaient sur nos lèvres un même sourire pareillement heureux » (139), que le regard de Médéric dans la berline lui « révéla un étonnement infini et une tendresse douce comme on n'en voit jamais plus dans l'amour satisfait ni même dans celui qui se reconnaît amour » (161), il ne faudrait voir dans tout cela que « peur de l'amour » et « auto-consolation », « désir de maîtriser le désir — le sien et celui de l'élève qu'il s'agira de transmuer en

---

30. *Ibid.*, p. 18-19.

31. Girard, *Mensonge romantique et vérité romanesque*, p. 190.

32. Roy, *Gabrielle Roy. L'idylle et le désir fantôme*, p. 186.

désir de savoir[33] ». Il est évident, et nul ne peut contester la lecture d'Alain Roy, que l'institutrice (et Roy romancière idyllique) résiste au désir, mais, comme je l'ai déjà dit au risque de passer pour un mystique ou un névrosé, il est peut-être possible d'inverser la lecture freudienne de la sublimation et d'imaginer que la sexualité peut très bien, dans certains cas sinon dans tous, être issue de la peur de l'amour ou être une traduction hâtive de l'amour dont l'objet ne serait plus d'abord et ultimement tel ou tel corps, telle ou telle personne, mais la totalité de l'être, visible et invisible, dans lequel baigne tel corps, telle personne. Pourquoi l'hypothèse de la sublimation serait-elle plus valable que celle qui voit dans le désir « la transcendance déviée vers l'humain[34] », qui affirme que « la qualité transcendante du désir » qui ne serait plus « empoissonné par le désir rival » se manifeste par « une réconciliation entre l'individu et le monde, entre l'homme et le sacré[35] » ? Dans *La Promenade au phare,* Virginia Woolf a très bien décrit l'« état d'amour », « l'univers irréel qui vous pénètre et vous transporte et qui est le monde vu à travers les yeux de l'amour[36] ». Pour Vadeboncoeur, l'amour, comme l'art, nous introduit dans un « temps de l'irréalité, qui serait pourtant le temps propre à ce qui se cache tout au fond du réel. Il ne faut pas regarder l'objet, il faut regarder ailleurs[37] ». Pour bien voir, il faut regarder ailleurs, paradoxe de l'art et de l'amour, de l'art d'aimer. L'amour, qui est ainsi capable d'élargir le monde jusqu'à le rendre irréel, c'est-à-dire trop beau, trop lumineux, presque transparent, est, comme l'écrit Woolf, « un amour qui jamais ne s'efforçait d'atteindre son objet »,

---

33. *Ibid.,* p. 158.

34. Girard, *Mensonge romantique et vérité romanesque,* p. 98.

35. *Ibid.,* p. 344.

36. Virginia Woolf, *La Promenade au phare,* Paris, Librairie Stock Delamain et Boutelleau, 1929, p. 58.

37. Pierre Vadeboncoeur, *L'Absence,* Montréal, Boréal Express, 1985, p. 71.

« destiné à se répandre sur le monde et à devenir part du gain de l'humanité ». Mr. Bankes, regardant amoureusement Mrs. Ramsay, se demande « pourquoi le fait de la voir lire un conte de fées à son petit garçon avait sur lui exactement le même effet que la solution d'un problème scientifique, au point où il restait en contemplation et éprouvait, comme il l'éprouvait quand il avait absolument démontré quelque chose sur le système digestif des plantes, que la barbarie était vaincue et le règne du chaos supprimé[38] ».

Si on reconnaît la réalité de cet amour universel, on peut se demander si la vérité du désir n'est pas précisément dans cette sublimation. Pour corriger la lecture trop exclusivement freudienne du réel, il faudrait peut-être, je le répète, opposer au concept de sublimation du désir celui de sexualisation de l'amour, voir la sexualité comme un refoulement possible de l'amour, une négation de cet irréel qu'est le monde perçu dans sa totalité. Mais résistons à la tentation de tout simplifier, de vouloir n'attraper que par un bout le réel qui se déploie entre le fini et l'infini. Je ne dis pas que la chasteté soit incompatible avec la sexualité ni que l'amour chaste de Mrs. Ramsay (qui a un mari et des enfants) est la seule forme d'amour qui donne accès à l'universel, mais c'est celle à laquelle professeur et élèves sont tenus sous peine de tout rater, l'amour et la connaissance. Médéric et l'institutrice au sommet des collines n'éprouvent pas tant le désir de l'autre que le désir de se tenir au plus près de l'être, du mystère qui les enveloppe, de se maintenir dans cet état où « chacun n'était conscient que de l'immuable » (137). Il est permis de penser que c'est l'impossibilité de se tenir à un tel sommet, au sommet du désir, de soutenir une telle vision, qui ramène le désir sur l'autre, sur les truites qui s'offrent là à portée de la main, prêtes pour ainsi dire à traduire concrètement par le plaisir de voir, de toucher, le mystère dont elles font partie et qui semble ainsi plus proche, plus accessible.

---

38. Woolf, *La Promenade au phare*, p. 59.

Il faudrait peut-être aussi lire d'abord littéralement l'épisode de la berline avant d'y voir une métaphore de l'inavouable désir sexuel, toute véritable métaphore n'étant pas une façon de cacher une chose mais bien d'exprimer sa part invisible et indicible : « Et nous nous sommes regardés, Médéric et moi, dans la demi-obscurité de la berline, les yeux luisants de l'heureuse surexcitation de nous voir livrés ensemble à la passion du ciel et de la terre. » (148) Est-il possible que les personnages soient excités par la tempête elle-même, par la vision de l'être qui toujours « se crée par nécessité et discorde » (Héraclite), qui toujours est le champ de forces contraires, mais qu'on ne voit bien que dans la paix vertigineuse des sommets ou la violence des éléments ? N'est-il pas possible de voir dans la sexualité, qui prend souvent des airs de tempête, une expression de « la passion grondante du ciel et de la terre », non seulement un lien analogique avec les forces créatrices de l'univers mais leur prolongement, tout comme Roy voyait dans « le premier élan de l'amour » le prolongement de l'amour de Médéric pour les truites.

Si, en littérature, l'union de deux êtres est souvent associée de façon lyrique à tout ce qui les entoure et les porte (océan, forêt, bête, fleur etc.), c'est que le lyrisme, contrairement à ce que certains croient, n'est pas une faiblesse de l'esprit qui embellit toute chose, « une esthétisation du réel », mais qu'il est, au contraire, « lié à la plus violente conscience de la disparition. C'est d'abord une façon de voir la beauté en transparence sur ce qui la menace[39] ». La relation entre Médéric et l'institutrice est lyrique parce qu'elle a lieu à cette frontière où naît l'amour, dans la conscience simultanée de la vie et de la mort, conscience de la vie qui se manifeste violemment en soi et qu'on rattache instinctivement à tout ce qui n'est pas soi pour ne pas qu'elle meure en soi, avec soi. C'est

---

39. Annie Lebrun, entretien avec Katrine Dupéré, dans *Le Matricule des anges,* n° 59, janvier 2005.

parce qu'elle aime vraiment Médéric que l'institutrice l'éloigne finalement d'elle-même, qu'elle maintient leur relation dans l'« état d'amour », fidèle en cela à son métier d'enseignante qui consiste à aimer chastement, à créer en elle et chez l'élève la distance qui les sépare et les unit, qui permet de voir « ce qui se cache tout au fond du réel », comme dit Vadeboncœur. « Je t'aime comme avant », lui dit-elle après l'épisode de la tempête où elle s'est faite « aussi maîtresse d'école que possible » (168). Pourquoi cet aveu signifierait-il qu'elle n'a jamais aimé ou qu'elle aime moins ? On ne peut douter de la peine que lui cause l'absence prolongée de Médéric : « ma classe débarrassée de son plus difficile élève devenait l'ennui même. […] Dix fois par jour je portais malgré moi les yeux sur le banc vide. » (171) Lorsqu'il revient, des semaines plus tard, elle comprend très bien ce qu'il vit, car elle-même avait « tout juste passé par là », faisant référence de façon volontairement ambiguë à la sortie de l'enfance et à la première peine d'amour :

> Enfin je tournai les yeux vers lui et dans les siens qui s'attachaient à moi, je vis naître l'étonnement, l'émerveillement, la souffrance du premier amour qui, tout frais éclos en un cœur humain — la plus fragile, la plus chancelante des jeunes vies — ne sait encore qui il est et frémit de peur, de joie et de désir incompris. Si je n'avais moi-même tout juste passé par là, aurais-je compris de quoi souffrait Médéric […] ? (175)

La souffrance de Médéric est immense, car elle procède d'une double perte : celle du « paradis » qu'il vient de quitter et celle d'un autre monde à peine différent que l'amour lui révélait : « J'avais le sentiment de voir un enfant mourant sous la poussée impitoyable de l'homme qui va naître. » (176) La souffrance de l'institutrice est à peine différente puisqu'elle est à peine sortie de ce passage de l'enfance à l'âge adulte, et il est même permis de penser que Médéric est son premier amour (en tout cas, elle ne fait allusion à aucun amour antérieur).

Quoi qu'il en soit, elle découvre elle aussi que « si la vie donne d'une main, elle reprend de l'autre. [...] J'avais pensé jusqu'ici que l'avenir était une constante acquisition. Je n'avais pas encore très bien vu que, pour avancer d'un pas dans la voie de l'accomplissement ou de la simple réussite, on s'arrache chaque fois à quelque bien peut-être encore plus précieux » (179-180). Ce sacrifice, ce deuil auquel Roy fait si souvent allusion (rappelons-nous « La voix des étangs » où l'adolescente s'isole de ses amies pour écrire dans le grenier) est le prix à payer pour écrire, pour s'attacher à quelque chose qui dure. Renoncer à l'amour de Médéric pour bien faire son métier d'institutrice, pour l'émanciper, comme renoncer à ses élèves pour devenir écrivain, est-ce là « peur de l'amour », « auto-consolation » ou, au contraire, une façon d'aimer davantage ou différemment, qui passe par un deuil encore plus grand : « Le temps vint de nous séparer pour toujours moi et ces enfants. [...] Ma vie allait-elle être cet arrachement continuel pour conduire, à la fin, à quel attachement donc qui durerait ? » (181) Cet attachement qui durerait, n'est-ce pas cette vision, cette conscience de l'« immuable » qu'elle a connue avec Médéric au sommet de la montagne, cette forme d'union dont elle a fait l'expérience avec lui et qu'elle voudrait retrouver, vision et expérience dont le désir n'était pas absent mais risquait de les faire déchoir ? C'est cette double nature du désir qui exaspère Médéric :

> — À la fin, qu'est-ce qu'il vous faut donc encore ?
> Je lui donnai le temps de se calmer, attendis un instant et dis comme pour moi-même :
> — Ce serait de retrouver, avant de nous quitter — si nous devons nous quitter — mon compagnon des collines. Le reverrai-je jamais, Médéric ? (177)

On comprend que Médéric veuille autre chose, qu'il donnerait toutes ses collines pour un baiser de l'institutrice, mais ce que l'institutrice lui donne en se refusant à lui et qu'elle lui

aurait sans doute donné encore mieux sans ses « imprudences », c'est la capacité de perdre et de retrouver ses collines,
de vivre ce mouvement qui le porte sans cesse au-delà de lui-
même, l'arrache sans cesse à cela même qu'il aime, pour le lui
redonner au-delà du désir charnel, de l'« amour satisfait »,
dans l'expérience de ce qui dure, de ce qui est constant, c'est
en un mot le pouvoir merveilleux et terrifiant de l'amour,
l'expérience même de la distance qui est le cœur de l'amour :
« Se placer devant la divinité d'une personne. Vivre un sentiment continu. Le diriger sur une présence absolue. Et que
cette présence, ce soit quelqu'un [...]. Quand une personne
entre ainsi dans l'être, elle ne se trouve plus la même et elle
demeure la même éminemment[40]. » L'institutrice, à n'en pas
douter, connaît elle aussi les messages contradictoires de
l'amour : « Et quoiqu'il n'eût sans doute jamais été dans mon
intention d'encourager l'amour naissant de Médéric, je saisis
à cet instant que j'aurais grand chagrin de le savoir tout à fait
mort. Mais qu'est-ce donc à la fin que je désirais sinon d'être
adorée à distance comme un bonne étoile qui guide à travers
la vie–enfant que j'étais moi-même ! » (183) On peut voir
dans un tel désir « d'être adorée à distance » le comble du
narcissisme, j'y vois plutôt la difficulté d'aimer, la direction
même de l'amour. On peut aussi, comme le fait Alain Roy,
qualifier de *happy end,* « une fin heureuse et conforme aux
désirs du *je*[41] », la scène où Médéric, galopant sur son cheval,
rattrape le train dans lequel se trouve l'institutrice et lui lance
par la fenêtre un bouquet de fleurs sauvages probablement
cueillies dans les collines, ou bien voir dans ce geste de Médéric la signature de l'amour, le merci que prononce dans le
deuil un cœur qui s'élargit, un esprit qui s'émancipe. On ne
sait pas ce que deviendra Médéric, mais il semble évident que

40. Vadeboncoeur, *L'Absence,* p. 75.

41. Roy, *Gabrielle Roy. L'idylle et le désir fantôme,* p. 186.

le regard de l'institutrice l'aura affranchi de son père, libéré du mépris du père qui ne voyait en lui qu'un sauvage comme sa mère, et qu'il pourra désormais, fort de cette reconnaissance, être lui-même et aimer, continuer d'aimer, aimer à nouveau, comme le héros de la nouvelle de Bradbury intitulée *Une histoire d'amour*.

12 L'âge d'aimer

La nouvelle de Bradbury raconte la même histoire que « De la truite dans l'eau glacée » : un jeune élève de quatorze ans tombe amoureux de sa jeune institutrice qui en a vingt-quatre, mais comme cela se passe à une autre époque (1930) et que l'institutrice est, malgré son jeune âge, une adulte, les choses n'iront pas plus loin. Même si elle éprouve beaucoup d'affection pour son élève, l'institutrice va l'aider, en lui résistant, à réaliser son rêve de devenir écrivain : « Ce fut à peu près tout concernant la rencontre d'Ann Taylor et Bob Spaulding, deux ou trois papillons danaïdes, un livre de Dickens, une douzaine d'écrevisses, quatre sandwiches, et deux bouteilles de soda orange[1]. »

Même histoire d'amour entre un élève et une institutrice, même imprudence de celle-ci qui accepte d'aller avec l'élève à la chasse aux papillons et qui reprend aussitôt et fermement son rôle d'institutrice en expliquant à l'élève que cet « amour » est impossible même si elle est la première à le regretter : « Je n'aime pas cela non plus peut-être, mais voulez-vous être encore plus malheureux que vous ne l'êtes maintenant ? Voulez-vous que nous soyons tous les deux malheureux ? Et nous le serions très certainement. Il n'y a vraiment rien à faire pour nous — c'est même tellement étrange d'en parler. » (59) Le garçon proteste, il lui demande de l'attendre, d'attendre qu'il ait à son tour vingt-quatre ans : « Mais j'en aurai trente-quatre

---

1. Ray Bradbury, « Une histoire d'amour », dans *Un dimanche tant bien que mal*, Paris, Denoël, coll. « Présence du futur », 1979, p. 56. Désormais, dans ce chapitre, tous les renvois à cette nouvelle se feront entre parenthèses dans le corps du texte.

et je serai quelqu'un d'autre, peut-être. Non, je ne pense pas la chose faisable. » (61) À la différence de l'institutrice de Roy qui dit à Médéric qu'elle ne l'oubliera jamais (« C'est ainsi, je ne peux me désolidariser[2] »), celle de Bradbury, qui est plus vieille, comprend qu'elle doit, pour libérer le garçon, mettre fin à la relation plus nettement, plus brutalement :

> Je ne vous oublierai jamais, dit-il enfin.
> — Vous êtes gentil de me le dire, même si ça ne peut pas être vrai, parce que la vie n'est pas comme ça. Vous oublierez.
> — Je n'oublierai jamais. Je trouverai un moyen de ne jamais vous oublier, dit-il. (61)

Comme dans la nouvelle de Roy, le départ de l'un des deux concrétise la rupture (la famille de Bob déménage dans une autre ville), et il y a fort à parier que l'institutrice, quoi-qu'elle ait dit le contraire, ne pourra jamais oublier son élève préféré. Seize ans plus tard, le garçon revient dans la petite ville avec son épouse qui ressemble, bien sûr, à son ancienne institutrice, et apprend que celle-ci est morte peu de temps après son départ. *Happy end ?* Oui, si on entend par là que le bonheur de la fin n'a pas été payé à son juste prix, qu'il ne se justifie pas par un sentiment véritable, que l'institutrice de Bradbury et celle de Roy n'ont pas véritablement aimé leur élève et éprouvé une peine égale à la sienne. Je crois au contraire que ces deux fins sont heureuses et douloureuses, comme le sont toutes les fins qui procèdent de l'amour, quand la fin est ce qui affranchit les êtres qui s'aiment, fait de l'amour cette force qui permet d'obéir au mouvement même de la vie, à cette création continue qu'est la vie. Ann Taylor avait raison de dire à son élève qu'il ne fallait pas fixer, figer l'avenir par des promesses ou des souvenirs, que dans dix ans elle serait peut-être quelqu'un d'autre, qu'il fallait croire au changement :

---

2. Roy, « De la truite dans l'eau glacée », p. 177.

« Encore une chose. Je veux que vous vous souveniez qu'il y a des compensations dans la vie. Il y en a toujours eu, sans cela nous ne pourrions pas continuer à vivre. Vous n'êtes pas bien dans votre peau maintenant. Moi non plus. Mais il se produira quelque chose qui arrangera tout. Vous me croyez ? » (60-61)

Si l'élève d'Ann Taylor a bien retenu cette dernière leçon, c'est sans doute que dès le début, depuis le premier jour, il avait perçu, comme Médéric, que ce qu'il éprouvait pour son institutrice était de la même nature que ce qui le liait au monde et à la connaissance, à ses papillons et à son désir d'être écrivain. Quand Bob et Médéric invitent leur institutrice à une expédition dans la campagne, c'est qu'ils savent déjà que leur amour vient de plus loin que celle qui pour ainsi dire le nomme ou le date : « [Ann Taylor] était ce genre de femme qui donnait toujours l'impression de passer par là les jours où l'ombre était verte sous les tunnels de chênes et d'ormes dans la vieille ville, le visage changeant sous les ombres scintillantes à mesure qu'elle marchait, jusqu'à ce que tous trouvent un sens à toutes choses. » (49) Il faudrait citer tout le début de cette nouvelle qui dit de façon admirable ce que l'élève découvre au contact de son institutrice, cet immense savoir qu'elle irradie. Il faudrait que tous ceux qui enseignent apprennent par cœur, avec leur cœur, cette page qui déploie l'éros pédagogique comme la lumière au-dessus et au-dessous de toutes choses dont on cherche à pénétrer le sens et la beauté. Dès qu'Ann Taylor entra, « la salle de classe sembla s'inonder de lumière, comme si le toit avait reculé, et que les arbres s'étaient remplis de chants d'oiseaux » (50). Quand le professeur n'enferme pas la lumière en lui-même, elle court librement entre les vérités contraires, et à suivre ses mouvements l'élève apprend peu à peu le fragile équilibre du temps : « Elle était le contraste, chaque fois qu'on avait besoin d'un contraste. Et les rares jours sur la terre où le temps est un fragile équilibre, aussi beaux qu'une feuille d'érable portée par la brise soufflant juste comme il faut, ces jours-là étaient comme

Ann Taylor, et auraient dû, en toute justice, porter son nom sur le calendrier. » (49-50)

Ainsi quand Bob revient dans son ancienne ville, plusieurs années plus tard, il ne faut pas s'étonner que ce soit par « une de ces journées qui auraient dû, tout le monde en convenait, porter le nom de l'épouse de Robert Spaulding » (62). Ann n'est pas devenue l'épouse de Robert, mais c'est sans doute elle, c'est-à-dire la lumière qu'elle savait capter et traduire mieux que quiconque, qui a permis à son ancien élève de voir et d'aimer celle qui, comme elle autrefois, pouvait le relier à son enfance, à ce garçon qui était « comme un lent poisson blanc dans les eaux fraîches de Fow Hill Creek » ou qui au pied des arbres « s'asseyait seul et regardait le monde » (50). Si l'élève a pu aimer et se laisser aimer, c'est que son institutrice a pu le faire sortir de l'enfance sans rompre le lien entre lui et le monde. Robert retrouve Ann dans son épouse, comme quoi l'on retrouve toujours ce qu'on accepte de perdre par amour, mais sous une autre forme, semblable et différent, comme « le visage changeant [d'Ann] sous les ombres scintillantes ». Ainsi le temps passe et ne passe pas, « le temps est un fragile équilibre » que l'amour permet, car seul l'amour pressent que ce qui relie deux êtres est aussi vieux que le monde lui-même. Tel est le mystère du temps, mystère de l'amour auquel l'institutrice à son tour est confrontée lorsqu'elle voit Médéric pour la dernière fois, lorsqu'elle voit dans l'homme qu'il est devenu l'enfant fasciné par les truites : « Nos regards se croisèrent. Sous le chapeau cabossé, le visage me parut attentif, grave et aimant comme au jour — vieux d'un siècle ! — où il m'avait demandé à propos des truites de l'eau glacée se laissant prendre et caresser… "C'est un mystère, mamzelle[3] ?" »

Est-ce que la leçon d'amour, la leçon que donne l'amour, à savoir que le temps s'éternise en se métamorphosant, aurait

---

3. Roy, « De la truite dans l'eau glacée », p. 185.

pu être apprise si les deux institutrices avaient couché avec leur élève ? Mais avant de répondre à cette question, peut-on parler véritablement d'amour entre une institutrice de dix-huit ou vingt-quatre ans et un élève de treize ou quatorze ans ? La réponse d'Ann Taylor est aussi simple et lumineuse que son arrivée en classe : oui, un tel amour est possible et n'a rien à voir avec la pédophilie puisqu'il libère le désir de l'enfant plutôt que de le séquestrer, puisque c'est un désir qui ouvre sur le monde plutôt que de s'en détourner :

> Quand tout ça a commencé ? dit-il, misérable.
> — Je ne sais pas, dit-elle. Personne ne sait jamais. On ne l'a jamais su pendant des milliers d'années et je ne pense pas qu'on le sache un jour. Les gens s'aiment ou ne s'aiment pas, et parfois deux personnes s'aiment alors qu'elles ne le devraient pas. Je ne peux pas m'expliquer ce qui arrive et je suppose que vous ne le pouvez pas non plus. (60)

Que l'institutrice de Bradbury reconnaisse ainsi, encore plus nettement que celle de Gabrielle Roy, l'amour qu'elle éprouve pour son élève et que cet amour — comme tout amour — tient du mystère, qu'elle ne nie pas le désir, mais au contraire, le déploie jusqu'à ce qu'il embrasse tout l'être, a pour effet de rassurer l'élève sur la réalité de son sentiment (il aime et se sait aimé), et de faciliter paradoxalement l'acceptation de l'interdit qui frappe cet amour. Rappelons-nous les truites de Médéric : oui, c'est vrai qu'elles se laissent prendre dans nos mains, c'est vrai qu'il y a entre elles et nous une sorte de complicité, premier mystère, mais, second mystère, on ne doit pas les manger, les capter, car ces truites-là « sont con… fi… antes ». Ann Taylor sait instinctivement, comme Médéric pour les truites de la source, que ce que l'amour a éveillé et nourri chez son élève (Bob, qui veut devenir écrivain, a dévoré en une nuit *Les Grandes Espérances* qu'elle lui a prêté), à savoir le désir de partager, de communiquer avec elle et les autres son goût pour la nature, est en un sens plus important que cet amour lui-même ou, devrions-nous dire, que cet amour doit se développer sans elle pour s'accomplir. Ce n'est donc pas le regard réprobateur de la société qui condamne cet amour et dicte à l'institutrice sa conduite, mais une connaissance profonde de l'élève qu'elle aime, un amour encore plus grand. Je ne dis pas que si elle couchait avec son élève elle cesserait de l'aimer, mais elle cesserait d'être son professeur et risquerait de détruire ou d'obscurcir ce que j'ai appelé la leçon d'amour, la leçon que donne l'amour d'un professeur pour ses élèves, à savoir « que pour avancer d'un pas dans la voie de l'accomplissement ou de la simple réussite, on s'arrache chaque fois à quelques biens peut-être encore plus précieux » (Roy), que « le beau est ce qu'on désire sans manger », qu'« aimer c'est consentir à la distance » (Weil).

Mais... il y a toujours des « mais », des exceptions à la règle, des exceptions qui, par leur caractère exceptionnel, justifient la pertinence des règles. C'est ce que nous rappelle Nancy Huston, dans *La Donne*, où elle raconte qu'à treize ans elle est tombée amoureuse de son professeur :

> Il avait dix ans de plus que moi (mais quelques années de moins que l'homme que j'ai fini par épouser) ; un peu avant la fin de l'année scolaire il a pris tout ce qui me restait en matière de virginité après les jeux érotiques enfantins avec mon grand frère [...]. Cette histoire d'amour était réelle, sérieuse. Elle a culminé par des fiançailles que j'ai rompues à l'âge de dix-huit ans, lorsque je suis tombée amoureuse de quelqu'un d'autre[4].

Forte de cette expérience, dont elle n'a que de bons souvenirs, elle affirme qu'on ne doit pas condamner toute rela-

---

4. Nancy Huston, *La Donne*, dans *Âmes et Corps, textes choisis*, Montréal/Arles, Leméac/Actes Sud, 2004, p. 157.

tion amoureuse entre professeur et élève, comme la culture américaine puritaine a tendance à le faire, sous prétexte qu'il s'agit de « harcèlement sexuel », d'abus de pouvoir : « Ah, mais ne profitait-il pas de sa situation ? de son éducation, si supérieure à la mienne, de la haute estime intellectuelle dans laquelle je le tenais ? Certainement, de même que moi, je tirais profit de ma jeunesse, de ma beauté et du peu d'innocence que je possédais encore. On désirait la même chose, qui était d'être amoureux l'un de l'autre[5]. » On reconnaît ici l'échange de savoir et d'ignorance qui a lieu entre Médéric et son institutrice, chacun désirant ce dont il est démuni, ce que l'autre possède, soit la beauté, l'innocence et la connaissance immédiate de l'univers, soit la connaissance réfléchie, le retour sur l'expérience, l'être ressaisi et perdu par les livres. Être amoureux l'un de l'autre, c'est toujours, en définitive, vouloir par l'autre accéder à quelque chose qui nous échappe, et c'est en classe que ce désir s'exprime le plus fortement, car c'est là où se vit pour la première fois et de manière indifférenciée, confuse, le désir de l'autre et le désir de l'être. Apprendre et enseigner, on l'a vu, c'est toujours vouloir sortir de soi, élargir le moi jusqu'à découvrir ou retrouver le monde d'un côté ou de l'autre de la conscience, en deçà ou au-delà des livres. Ceci dit, Nancy Huston, dans sa défense de l'éros pédagogique, apporte plein de nuances et de conditions. Un professeur qui aime son étudiante pendant des années, se fiance avec elle, cela n'a rien à voir avec les professeurs qui bon an mal an couchent avec leurs élèves. Le professeur de Nancy Huston n'a rien à voir avec les professeurs décrits par Roth, Coetzee, Labrèche et Arcand qui, pour bien profiter de la révolution sexuelle ou faire leur métier de « professeurs de désir », doivent garder la baise pure de tout attachement et interdire aux élèves de tomber amoureux d'eux, comme le prescrit Larose. Huston distingue amour et baise, et reconnaît,

---

5. *Ibid.*, p. 157-158.

elle aussi, comme Steiner, que l'exploitation des élèves, ça existe : « Je ne songe pas à mettre en doute le fait que des élèves aient été, peuvent être, sont sexuellement manipulés ou molestés par leurs professeurs ; tout ce que je demande, c'est que, de ce fait, on ne tire pas la conclusion aberrante que le corps doive être radicalement éliminé de toute situation pédagogique[6]. » Au fond, Huston, en dénonçant la chasse-aux-sorcières plus répandue dans la culture anglophone que francophone, n'encourage pas pour autant les relations sexuelles entre professeurs et élèves, à moins qu'il ne s'agisse d'une « histoire d'amour réelle, sérieuse ». C'est ainsi que, devenue professeur à son tour, elle a su trouver et garder la bonne distance qui permet de bien enseigner : « Au cours de mes propres années d'enseignement, même s'il se trouve que je n'ai jamais flirté ni fait l'amour avec mes étudiants, je suis persuadée que ma beauté a contribué positivement à la trans-mission du savoir et des idées, à la stimulation de leurs cer-veaux[7]. »

Je crois moi aussi que la « beauté » du professeur (et de l'élève) fait partie de la relation pédagogique au même titre que la beauté du crépuscule du Sussex et celle du texte litté-raire qui essaie de traduire cette beauté, c'est-à-dire que la beauté et l'intelligence sont indissociables, que l'intelligence donne de la beauté et vice versa, puisqu'elles procèdent toutes deux de l'intuition, du désir « du possible transcendant » (Steiner), d'une « lumière dansante qui [est] suspendue à l'avenir » (Woolf). On n'a pas à choisir entre âme et corps, entre aimer et enseigner, pas plus qu'on ne doit choisir entre les collines et l'encyclopédie de Médéric, car tout se joue tou-jours dans la tension entre les deux vérités, les deux versions de la même expérience, qui ne deviennent des erreurs, des trahisons, que lorsqu'elles sont coupées de leur contraire.

_____

6. *Ibid.*, p. 159.

7. *Ibid.*

Tout se joue ou devrait se jouer sur ce que Huston appelle « le précieux terrain intermédiaire », « un mélange fascinant, miroitant, toujours changeant, de public et de privé, de corporel et de spirituel, de proximité et de distance, de conformité avec les codes et d'innovation spontanée[8] ». Huston insiste sur la nécessité de préserver certaines frontières à l'intérieur de la relation pédagogique ou thérapeutique, frontières qui ne peuvent être franchies que par l'amour, lequel n'est possible qu'à certaines conditions. Ainsi, à la question « est-ce que je voudrais que ma fille couche avec un de ses profs », elle répond : « Eh bien, quand elle aura une volonté à elle, un désir à elle et un intellect capable de discernement. En d'autres termes quand (et si, car toutes les jeunes filles n'ont pas le même bizarre penchant que moi pour les intellos d'âge mûr) elle en a envie[9]. » Une volonté, un désir, un intellect « à soi », déjà formés, je ne dis pas que cela ne peut pas exister chez l'élève (ou le patient), mais d'une façon générale, n'est élève ou patient que celui ou celle qui demande à un professeur ou à un psy de l'aider à trouver ou retrouver son autonomie, à s'émanciper, dirait Rancière.

Cela ne signifie pas qu'on infantilise l'élève ou qu'on le déresponsabilise, mais au contraire qu'on lui apprenne, par l'exemple, à différer ou sublimer (désexualiser) son désir de l'autre jusqu'à ce qu'il y reconnaisse le désir de l'être, jusqu'à ce qu'il « ait une volonté, un désir, un intellect à soi » qui lui permette de décider quand et si il a envie de coucher avec son professeur pour faire de l'expérience de l'être une « histoire d'amour […] réelle, sérieuse ». Exiger du professeur qu'il ne couche pas avec ses élèves, ce n'est pas brimer son désir de se rapprocher de l'« ignorance » de l'élève pour retrouver le monde en deçà de la conscience réfléchie, mais donner, au contraire, à ce désir sa plus grande force en maintenant la

---

8. *Ibid.*, p. 171.
9. *Ibid.*, p. 158.

tension entre savoir et ignorance, entre les mots et les choses, entre ce qui est saisi par les sens et par l'esprit, entre ce qui est ressaisi et perdu par le savoir. C'est cette tension, cette distance, qui fait de nous des humains et non seulement des petits oiseaux soumis au dieu qui les fait trembler… Ceci dit, on peut très bien concevoir — et nous en connaissons tous — des histoires d'amour réel entre professeur et élève, des couples qui pendant trois ans, trente ans ou toute une vie se soutiennent dans leur désir réciproque d'unité, l'un et l'autre étant tour à tour ou simultanément le professeur et l'élève, unis par ce mouvement continu qui les chasse de l'être et les y ramène, et qui détermine tout ce qu'ils font, que ce soit des cours, des enfants ou des livres.

Au début de ma carrière de professeur à l'université, je suis tombé amoureux d'une de mes étudiantes. Même si l'époque tolérait ou célébrait ce genre de relation, j'avais le sentiment de commettre une faute, sinon pourquoi ai-je attendu la fin des cours pour passer à l'acte ? J'étais bien conscient du phénomène de transfert ou de projection qui était à l'œuvre : cette étudiante, me disais-je, n'aimait pas tant son professeur que ce qu'il lui révélait, et si le messager se prenait pour le message, il commettait une faute contre l'esprit et contre l'amour, entravait le mouvement d'émancipation de l'étudiante en entretenant la confusion entre son désir d'apprendre et d'aimer. Mais ce savoir, qui jusqu'alors m'avait toujours mis à l'abri du contre-transfert, ne suffisait plus. Si à travers moi quelque chose était révélé à cette étudiante, qu'est-ce que cette étudiante me révélait, qui abolissait, pour la première et dernière fois de ma carrière, la distance nécessaire à la relation pédagogique ? Quelle vérité incarnait-elle qui faisait de moi son élève ? J'aurai mis plus de trente ans, seul et avec elle, à essayer de répondre à cette question. Quand un tel choc se produit, quand votre vie bascule en un instant et pour toujours au contact d'un être, il n'y a pas de doute qu'il s'agit bien, transfert ou non, d'un phénomène bien connu, susceptible de se produire même dans une classe, car, comme le dit Ann Taylor, « parfois deux personnes s'aiment alors qu'elles ne devraient pas ».

Mais alors pourquoi un tel sentiment de faute persiste-t-il à entacher une véritable histoire d'amour, sinon que l'amour qui naît dans une classe entre un professeur et son élève est une forme d'amour unique qui peut et doit s'accomplir en dehors de l'intimité amoureuse, comme si la vérité propre à cet amour, le réel que cet amour découvre, était précisément cette part de nous que non seulement aucune étreinte ne saurait traduire, mais qui risque d'être détruite par cette étreinte qui l'enchaînerait à l'être aimé ? Le professeur qui aime son élève, sans pouvoir y renoncer, qui aime sans pouvoir « consentir à la distance », doit, s'il ne veut pas briser le rêve qu'il a éveillé en elle, s'engager totalement dans cet amour. Si la relation entre Nancy Huston et son professeur a été bénéfique, c'est que le professeur et l'élève sont devenus un couple, se sont fiancés, c'est-à-dire qu'ils ont fait le pari que ce qui les unissait ne finirait pas, que le désir de s'aimer et d'apprendre l'un de l'autre les éterniserait pour ainsi dire. Le fait que c'est l'élève qui, trois ans plus tard, a rompu manifeste bien que cet amour a réussi à l'émanciper, que l'élève a pu détacher son désir d'apprendre et d'aimer du professeur auquel ce désir était physiquement associé et ainsi continuer d'apprendre et d'aimer. Si mon histoire d'amour avec mon étudiante ne s'est pas aussi bien terminée, ne s'est jamais vraiment terminée, c'est que je n'ai eu ni la sagesse de garder cet amour dans le secret de mon cœur, de ma classe, ni la « folie » de le risquer en vivant avec elle, de sorte qu'elle s'est retrouvée seule pendant des années dans un rêve dont je gardais la clé.

Les histoires d'amour exceptionnelles, comme celle que raconte Nancy Huston, ne sauraient justifier la « professionnalisation » du désir à des fins pédagogiques ou pseudo-révolutionnaires ni surtout faire oublier ces autres histoires d'amour, moins spectaculaires et aussi difficiles, qui unissent chastement professeurs et élèves dans le désir de découvrir ce qu'ils sont et ce qui est, ce qui les réunit en dehors d'eux-mêmes dans la vérité d'un « ça » irréductible à la seule pulsion sexuelle. Après plus d'un demi-siècle dominé par la vérité du corps, on m'excusera de citer en entier ce passage sur la vérité de l'âme :

> Pourquoi ne découvre-t-on rien dans la vie ? Quelque chose sur quoi on pourrait poser les mains en disant : « C'est cela. » Ma dépression vient de ce que je me sens harassée. Je cherche, mais ce n'est pas cela, ce n'est pas encore cela. Qu'est-ce que c'est ? Mourrai-je avant de l'avoir trouvé ? Et puis (alors que je traversais Russel Square hier soir) voilà que je vois des montagnes dans le ciel, de grands nuages, et la même lune qui s'est levée sur la Perse. J'éprouve la notion vague et stupéfiante de quelque chose qui est là, qui est « ça ». Ce n'est pas exactement la beauté que je veux dire. C'est simplement que la chose en soi se suffit. Qu'elle est satisfaisante, achevée. Il y a aussi cette étrange impression d'être là, de marcher sur cette terre, et l'infinie étrangeté de la condition humaine, moi trottant le long de Russell Square avec la lune là-haut, et ces montagnes de nuages. Qui suis-je, que suis-je ? et ainsi de suite. Ces questions flottent sans cesse autour de moi et puis je me cogne à quelque fait précis, une lettre, une personne, et je les retrouve dans toute leur fraîcheur et leur nouveauté. Et cela continue ainsi. Mais à côté de cette évidence qui est, je crois, la vérité, il m'arrive de me heurter assez souvent à ce « ça » et je me sens alors en paix avec moi-même[10].

On ne peut mieux décrire ce mouvement entre le fini contre lequel on se cogne et l'infini auquel on se heurte, tension qui fait « l'étrangeté de la condition humaine » et qui paradoxalement apaise. Tout enseignement qui d'une façon ou d'une autre se soustrait à cette double vérité du proche et du lointain trahit sa tâche qui est de découvrir « l'esprit qui

---

10. Woolf, *Journal d'un écrivain*, p. 153.

nous fait vivre, la vie elle-même », l'âme et le corps qu'on ne peut dissocier : « Mais il est vrai qu'on ne peut pas parler directement de l'âme. Si on la cherche, elle s'évapore ; mais qu'on regarde le plafond, Grizzle [un chien] ou quelque animal du zoo de Regent's Park, et voilà l'âme qui reparaît et s'insinue[11]. » Nancy Huston a raison de nous rappeler la réalité du corps, qu'elle juge négligée notamment dans la culture anglo-saxonne, mais à lire Roth ou Coetzee, Labrèche ou Larose, on a plutôt l'impression que notre culture s'est enfermée dans le zoo sans qu'aucune âme ne s'y insinue. Cet essai ne vise rien d'autre que de rappeler que le but de tout enseignement, comme celui de la littérature, est de redonner aux animaux dégénérés que nous sommes un peu de cette âme que l'on retrouve intacte et toujours disponible dans les animaux et les plantes, les nuages et la lune, les enfants et les élèves.

---

11. *Ibid.,* p. 152.

13 La leçon d'Ann Taylor

Qu'est-ce qu'enseigner, aimer, sinon s'appliquer à ne rien faire d'autre que laisser le monde et les mots, les êtres et les choses surprendre et élargir le regard et la pensée ? C'est pourquoi le cœur ne vieillit pas et qu'un professeur ne prend jamais vraiment sa retraite, qu'il se sent solidaire de cette communauté unique formée d'êtres que rassemble le désir de conquérir leur humanité. J'ai eu la chance d'appartenir à une telle communauté qui prolonge et traduit la communauté invisible de l'écrivain et du lecteur, j'ai eu la chance d'apprendre le « métier de vivre » (Pavese) et d'écrire en lisant, avec ceux et celles qui commençaient à lire et à écrire, des auteurs qui avaient fait de leur vie l'expression de la beauté et de l'horreur, de la confiance et du désespoir.

Si j'écris cet essai, c'est pour défendre l'école contre les prédateurs sexuels et les fossoyeurs intellectuels, et me rappeler à moi-même qui n'enseigne plus le devoir de lire et d'écrire, comme on devrait vivre et enseigner, en circulant librement, sereinement, entre les vérités et les réalités contraires qui emprisonnent et tuent dès qu'elles ne sont plus mises en mouvement par le sens qui les relie, et pour me rappeler que ce travail n'a pas de fin, car le moi qui pense le monde risque de se pétrifier s'il ne s'expose pas au monde qui lui donne sa pensée, comme le font les théories loin des œuvres et les œuvres loin de la vie. J'écris pour ne pas oublier que « l'essence même de la violence, c'est qu'une partie domine le tout[1] », et que la seule façon de combattre la violence, c'est de maintenir pure et vivante la distance créatrice entre la partie et le tout, entre l'in-

---

1. Bédard, *Comenius,* p. 53.

térieur et l'extérieur : « Tout ce qui vit veut se reproduire dans l'âme humaine afin d'advenir à son essence. Par l'apprentissage, le monde renaît de l'intérieur des hommes de sorte que ce qui suit dépasse ce qui précède. Par l'éducation, l'homme a trouvé le moyen du dépassement de soi[2]. »

J'écris pour être fidèle à ce drôle de savoir que j'ai tiré de la littérature, qui mêle tout, le fond et la forme, le vide et l'être, le cœur et la pensée, l'homme et la nature. C'est pourquoi la littérature, quand elle n'est pas divertissement ou propagande, est toujours politique et métaphysique comme le dit Sallenave, et je dirais qu'elle ne peut être efficacement politique que si elle est métaphysique. Politique en ce sens que la littérature nous montre « que la plupart des vies ne trouvent pas les conditions de leur accomplissement », et métaphysique en ce qu'elle montre que « cet accomplissement n'est pas seulement de l'ordre de l'émancipation, qu'il y a toujours quelque chose encore à ouvrir, pour concilier l'exigence de liberté et la capacité de l'accueil. Pour concilier la raison qui tisse le lien entre les idées, et la compréhension qui tisse le lien avec les choses muettes, immobiles, la vie végétale, animale, la vie des pierres[3] ».

Ray Bradbury a raison, l'enseignement est une histoire d'amour, ne peuvent enseigner que ceux et celles qui aiment la vie et les livres au point de les confondre et les élèves au point d'en faire les complices et les confidents de cet amour. Qu'est-ce qu'Ann Taylor a bien pu enseigner qui ait marqué si fortement Bob et tous les autres élèves ? La nouvelle ne nous dit rien de cet enseignement, sinon qu'elle a donné à Bob « un vieil exemplaire des *Grandes Espérances* dont elle ne voulait plus », d'où on peut déduire qu'elle l'avait déjà lu. Elle enseignait probablement les matières traditionnelles du secondaire (langue, géographie, mathématiques), et ne s'en éloignait sans

---

2. *Ibid.*, p. 112.

3. Sallenave, *À quoi sert la littérature ?*, p. 116.

doute pas au profit des « compétences transversales » puisque cela se passe à une époque où on lisait encore Dickens. Et pourtant, à son contact, « tous trouvent un sens à toutes choses ». Comment cela a-t-il été possible ? Comment a-t-elle pu réussir ce que la plupart des philosophes contemporains n'ont pu faire : donner « un sens à toutes choses » ? La réponse est dangereuse, la réponse est scandaleuse, mais je la risque, et tant pis pour ces pseudo-penseurs qui ont condamné la dimension du vécu dans la transmission : ce n'est pas tellement ce qu'Ann Taylor a enseigné qui a été déterminant, mais Ann Taylor elle-même. Ann Taylor, telle que formée par la vie et les lectures, était la matière de son enseignement, ce qu'elle enseignait était devenu elle-même. Comme l'écrit Barthes, qui n'est pourtant pas une de mes références — comme quoi il y a du bon même chez les auteurs qu'on n'aime pas : « On n'enseigne pas ce qu'on sait, mais ce qu'on est. » Par les conversations qu'elle a avec Bob, on comprend qu'Ann Taylor enseignait ce qu'elle était, une façon d'être et de penser obéissant à quelques règles et vérités toutes simples, soumises au principe de la tension entre des forces contraires. Elle avait cette capacité de faire apparaître tout naturellement ce qu'on ne voit pas encore, l'envers ou la transformation d'un sentiment ou d'une situation : « Elle était comme une belle pêche d'été dans la neige de l'hiver, comme du lait frais sur des céréales par un chaud matin de juin. Elle était le contraste, chaque fois qu'on avait besoin d'un contraste. »

Si, près d'elle, « tous trouvent un sens à toutes choses », c'est qu'elle relie toutes les choses, même contraires, à l'intérieur d'une vision plus large. C'est en vertu de cette vision qu'elle peut convaincre Bob que l'amour qu'il a pour elle est quelque chose de vrai et d'impossible, qu'il doit soutenir ce paradoxe pour grandir, que l'amour pour se réaliser doit se projeter dans l'inconnu par un acte de foi qui relie le présent et l'avenir. Si l'enseignement consiste d'abord à émanciper l'élève, en lui apprenant que son moi n'est pas tout-puissant, puis à élargir le moi en soumettant son désir à l'épreuve du temps, en le faisant passer du désir le plus proche au désir le plus lointain, on peut dire qu'Ann Taylor a accompli cette tâche à la perfection, par le simple fait d'être là, de se nommer, d'assumer sa fonction : « "Mon nom est Ann Taylor, dit-elle tranquillement. Je suis votre nouveau professeur." La salle de classe sembla s'inonder de lumière, comme si le toit avait reculé, et que les arbres s'étaient remplis de chants d'oiseaux. »

Dès la première rencontre, le but de l'enseignement est atteint, de sorte que les cours suivants seront pour ainsi dire un lent retour sur le chemin parcouru en un instant, car l'élève est « une créature apprêtée pour l'immortalité qui doit faire de la mort son métier[4] ». Ce que l'élève attend du professeur, c'est qu'il lui apprenne qu'il est possible d'être dans la classe et dehors, de vivre sans peur et sans haine avec la mort qui grandit avec la conscience. Ann Taylor ne s'impose pas d'abord aux élèves par le savoir, l'arrogance ou la séduction, mais par la seule autorité qui compte, dit George Steiner, celle qui repose sur « l'irrésistible intuition de la rectitude morale, de la justice envers les autres, et soi-même », et qui ne peut être transmise que par l'exemple : « Pour Socrate, il n'est d'enseignement vrai que par l'exemple. Il est, littéralement, exemplaire. Le sens de la vie juste est dans le fait de la vivre[5]. »

Depuis une trentaine d'années, tous déplorent l'effondrement de l'éducation, au Québec et ailleurs, effondrement dont les causes seraient le terrorisme de la pédagogie, la pauvreté des programmes, les cultures confondues de l'image et de la consommation, le manque de ressources financières. Il est étonnant qu'on oublie de chercher du côté des professeurs qui sont, après tout, la pièce maîtresse du système d'éducation, un peu comme si on analysait les composantes d'une œuvre littéraire (l'intrigue, les figures de style, le genre, le contexte, etc.) sans parler du sens, du conflit que l'œuvre

4. Bédard, *Comenius,* p. 108.

5. Steiner, *Maîtres et Disciples,* p. 37.

expose et essaie de dénouer, sans parler de l'os que l'auteur gruge, comme dirait Thoreau, sans parler de l'auteur, qui est, selon Patočka, « le révélateur premier, original de ces entrelacs du sens de la vie[6] ». De la même manière qu'on a décrété la mort de l'auteur, on a plus ou moins décrété celle du professeur qui, faut-il le rappeler, est l'auteur de ses cours. C'est lui qui, à travers un ensemble de lectures et de questions qui l'habitent, vient proposer aux élèves des possibilités de sens, c'est lui qui est, comme l'écrivain, selon l'expression de Patočka, « l'administrateur propre et original de l'intégralité de la vie et de la totalité universelle ». Le premier devoir du professeur aujourd'hui, c'est de réclamer et d'assumer la liberté d'être « l'administrateur premier et original » de ses cours et de réclamer pour ses cours, quelles qu'en soient la matière et l'approche, la liberté d'être le révélateur de « ces entrelacs du sens de la vie ». Aucun ministère, aucune administration, aucun comité n'a le droit de se substituer au professeur, et aucun savoir, si grand soit-il, ne peut se substituer à l'autorité morale du professeur. Bien sûr, ce que le professeur enseigne est important, car, comme le dit Sallenave, en réponse à Barthes, « savoir ne suffit pas pour enseigner, mais ne pas savoir empêche profondément d'enseigner[7] ». Avant même de se pencher sur ce que le professeur doit enseigner, il faut remettre le professeur au cœur de la question de l'enseignement, réaffirmer l'engagement que prend une personne non seulement de donner tout son temps ou presque à ses élèves et de leur transmettre un certain nombre de connaissances, mais aussi et surtout de se donner en exemple, c'est-à-dire de donner l'exemple d'une personne qui cherche « le sens de la vie juste ».

Si ce métier est passionnant et difficile, c'est d'abord et avant tout parce qu'il exige cet engagement moral qui consiste

---

6. Patočka, cité par Sallenave dans *À quoi sert la littérature ?*, p. 89.

7. Sallenave, *À quoi sert la littérature ?*, p. 54.

à ne pas dissocier la pensée et les actes, car « le sens de la vie juste est dans le fait de la vivre ». Un professeur n'est pas d'abord quelqu'un qui sait beaucoup de choses, mais quelqu'un qui a payé le prix de ce qu'il sait. Au collège, le professeur qui m'a le plus marqué n'était pas le plus brillant, mais tout ce qu'il disait portait encore l'empreinte de ses pas sur le chemin laborieux qu'il avait dû parcourir pour y parvenir. Son savoir était modeste mais contenait toute une vie tendue vers le sens de toutes choses qui n'est sans doute pas différent du sens que donne à toutes choses une vie juste. J'ai oublié le contenu de ses cours, qui sans doute ne s'éloignait guère des manuels d'histoire littéraire, mais je n'ai pas oublié son enseignement, sa quête d'une vie juste, d'une vie dans laquelle on ne peut rien dissocier, ce qu'on sait et ce qu'on ignore, ce qu'on dit ou pense et ce qu'on fait ; une vie dans laquelle on ne peut non plus s'isoler, une vie qu'on redonne dès qu'on la reçoit, une vie qui n'a d'autre fin que de se déverser dans la vie de ceux à qui la vie manque, une vie donnée à ceux qui n'attendent qu'une parole, qu'une image, qu'un geste pour se découvrir à nouveau vivants, plus grands et plus petits qu'ils ne le croyaient, plus grands que leurs fautes et leurs faiblesses, plus petits que leur ambition et leur désir de puissance.

Pour un professeur, une vie juste, ou en tout cas le premier pas vers une vie juste, c'est une vie consacrée à ses élèves, et non à quelque recherche, plus ou moins stérile et subventionnée, qui ne sert que sa carrière, c'est le fait d'écrire son nom au tableau, de se présenter comme professeur, de signer humblement son cours, comme un écrivain signe un livre dont il a payé le prix, dont il se porte garant. « Mon nom est Ann Taylor, et je suis votre nouveau professeur », cela veut dire : voici l'os que je gruge depuis quelque temps, quelques années, voici comment je suis devenue ce que je suis en cherchant « le sens de toutes choses ». On peut dire de l'enseignement ce que Denis de Rougemont dit d'une œuvre, parce que l'enseignement est une œuvre :

Toute œuvre qui ne met pas en question notre situation personnelle dans l'univers ne sert de rien à l'humanité, reste en dehors de la question. Et de même, toute pensée est vaine, qui n'a pas mis d'abord son auteur à la question, en sorte que sa plainte ou son triomphe constitue le centre même de son œuvre, et non plus sa réussite émouvante ou flatteuse [...][8].

On ne sait pas si Ann Taylor enseigne la littérature (enseignait-on la littérature au secondaire aux États-Unis en 1930 ?), tout comme on ne sait pas pendant combien de temps encore on pourra enseigner la littérature. La littérature est-elle appelée à disparaître au profit de la communication, un peu comme les œuvres littéraires à l'université ont été éclipsées par la théorie ? Quand on entend un professeur de littérature au collégial affirmer qu'on ne peut plus y enseigner de grandes œuvres parce que le cerveau des élèves, formé par la culture de l'informatique, est désormais incapable de la concentration nécessaire à la lecture, on se dit que Sallenave a bien raison, qu'il faut réformer les professeurs, en tout cas ceux qui n'ont pas compris que « c'est forcément le maître qui apprend à penser à l'enfant, même si l'enfant l'amène à réfléchir sur sa propre pratique[9] ». Enseigner a toujours été, et maintenant plus que jamais, une forme de résistance aux modes comme aux forces d'uniformisation ; enseigner ce n'est pas se soumettre à la réalité mais travailler à sa transformation. Si les élèves sont incapables de lenteur ou d'abstraction, tout exercice qui développe la lenteur et l'abstraction est un acte social, politique, car la fonction du professeur est d'abord d'émanciper, de « se mettre au service de ceux qui en ont le plus besoin, ne serait-ce que pour aider les dominants à se dégager des représentations idéologisantes dans lesquelles ils sont eux-mêmes plongés[10] ». Le professeur,

---

8. Denis de Rougemont, *Penser avec les mains,* p. 149.

9. Sallenave, *À quoi sert la littérature ?,* p. 55.

10. *Ibid.,* p. 52.

comme l'écrivain, doit être un résistant. Il doit combattre les idées creuses comme celles du progrès et de l'inévitable transformation du cerveau à tous les vingt-cinq ans.

On ne sait pas si Ann Taylor enseigne la littérature, mais on peut penser qu'elle aime la littérature plus que Kepesh, Lurie et leurs semblables, non seulement parce qu'elle a lu *Les Grandes Espérances* et qu'elle « peut parler avec Bob de Dickens et Kipling, Poe et d'autres », mais parce que Bob, qui veut devenir écrivain, a reconnu en elle celle qui pourrait le guider dans cette voie. Bob reconnaît en Ann, qui n'enseigne sans doute pas la littérature, ce qu'est la littérature, car Ann enseigne ce qu'elle est, c'est-à-dire une forme de pensée et d'être propres à la littérature, une façon de penser qui vient de l'être et y retourne. On pourrait dire que c'est aussi le propre de la philosophie de faire de nous « les bergers de l'être », selon la formule de Heidegger, de nous apprendre à vivre et à mourir dans ces allers-retours incessants entre la pensée et l'être. Mais la différence, c'est que la littérature ne pense jamais l'être de façon abstraite, elle s'intéresse aux êtres et à ce qu'ils pensent. La littérature est la philosophie du pauvre, la philosophie de ceux qui pensent sans la pensée, pourrait-on dire, qui pensent avec leurs mains, leurs pieds, leur cœur. La différence n'a l'air de rien, mais elle est énorme : si la philosophie peut parfois procéder d'expériences singulières, de situations concrètes, elle ne devient philosophie qu'en s'en détournant pour atteindre l'universel et ne s'embarrasse pas trop de la nécessité de revenir vérifier dans la réalité concrète la justesse des ses hypothèses. Ceci dit, ce n'est sans doute pas la faute à la seule philosophie si un Heidegger a pu se faire « le berger de l'être » sans trop se soucier apparemment de tous les humains qu'on gazait à côté de chez lui, puisque Céline, tout écrivain qu'il était, n'a pas fait seulement semblant d'ignorer l'horreur, il l'a même banalisée, réduite au rang de « bagatelles ».

La barbarie n'est possible que par l'abstraction : on ne peut pas tuer, torturer, humilier quelqu'un « si c'est un homme », il faut l'avoir d'abord vidé de son humanité, avoir oublié non seulement l'être dont il participe mais aussi et surtout tel être bien particulier, bien présent, ce mélange de chairs, de pensées et de sentiments qu'on s'apprête à détruire. On connaît le mot de Camus : « Entre la justice et ma mère, je choisis ma mère. » Sur un tel choix, on ne peut fonder aucun système philosophique ou politique, ni même une esthétique, car ce choix oblige la raison à s'incliner devant le cœur, cette autre pensée soumise au mouvement amoureux entre les êtres, entre les êtres et le monde, que Camus a appelé « noces ». L'être, pour la littérature, c'est le mouvement de la vie reçue et donnée. Philippe Forest est devenu écrivain quand il a perçu que la seule forme qui pouvait contenir son amour pour sa fillette disparue était le roman : « Chaque roman désigne ce nœud de souffle et de sang par où l'individu naît à la vérité du temps. Paternité ou maternité : l'expérience cruciale est celle de la vie reçue, de la vie donnée[11]. »

Si la littérature, plus souvent que la philosophie ou que toute autre forme de connaissance, nous donne cette perception sensible, affective et mystérieuse de l'être et du temps, de cette « matière » dont nous sommes pétris, c'est qu'elle travaille à partir d'exemples, qu'elle nous invite à développer notre capacité à juger ce qui est bien et mauvais, ce qui détruit la vie ou la crée, en percevant dans la singularité de tout être, de toute chose, le mouvement qui les insère dans une autre réalité, aussi irréfutable, qui commence où s'arrêtent notre raison et nos sens. La littérature, c'est la correspondance entre Artaud et Rivière, qui révèle à ce dernier que la santé, « quand elle est donnée d'emblée dans un être, elle lui cache la moitié du monde[12] », c'est le Petit Prince qui apprend à Saint-Exupéry qu'« on ne voit bien qu'avec le cœur [, que] l'essentiel

11. Philippe Forest, *L'Enfant éternel,* Paris, Gallimard, coll. « Folio », 1997, p. 140.

12. Jacques Rivière, « Correspondance avec Artaud », dans *L'Ombilic des limbes,* p. 46.

est invisible pour les yeux[13] », c'est Pierre Vadeboncoeur qui découvre, en regardant la ligne d'une tasse, « qu'au-delà de l'être il n'y a rien[14] ». Si la littérature est une si bonne école du regard et de la pensée, de la pensée qui est le prolongement du regard attentif et compatissant sur les choses et les êtres, c'est que les exemples qu'elle propose sont, dit Camus, « une image privilégiée des souffrances et des joies communes », c'est que le sujet de la littérature, comme de tout art, c'est « la réalité vécue et soufferte par tous […] La mer, les pluies, le besoin, le désir, la lutte contre la mort, voilà ce qui nous réunit tous[15] ». Cela ne signifie pas que l'écrivain doive s'interdire le fantastique ou le romanesque, mais qu'il doit faire pousser sur ces terres de vrais êtres humains, qu'il doit se servir de l'étrange ou de l'exotique, de l'extraordinaire ou de l'exceptionnel, pour redécouvrir le miracle ordinaire de l'humain.

Quand j'ai commencé à écrire, je ne racontais pas l'histoire de quelqu'un à qui rien n'arrive, à qui n'arrivent que des choses ordinaires, dans des lieux ordinaires, comme aimer, s'ennuyer, regarder, souffrir et faire souffrir. Moi qui n'avais rien vécu d'extraordinaire et qui avais lu très peu de romans, de ces romans romanesques, comme les romans d'aventure, qui font éprouver au lecteur, écrit Jacques Rivière, ce « plaisir d'abord d'être quelqu'un à qui quelque chose arrive[16] », je me suis mis à écrire l'histoire d'un homme qui confond une femme et une rivière, qui nage pendant des semaines à contre-courant dans une rivière au fond de laquelle il découvre un bordel dirigé par un moine anti-tibétain, etc. J'ai écrit ce premier roman et le second, qui rapprochait la Grèce des préso-

---

13. Antoine de Saint-Exupéry, *Le Petit Prince*, Paris, Gallimard, coll. « Folio Junior », 2007, p. 92.

14. Pierre Vadeboncoeur, *Fragments d'éternité*, Montréal, Fides, 2011, p. 99.

15. Albert Camus, *Discours de Suède*, Paris, Gallimard, 1958, p. 41-42.

16. Jacques Rivière, *Le Roman d'aventure*, Paris, Éditions des Syrtes, 2000, p. 26.

cratiques et une Amérique peuplée de philosophes amérindiens obsédés par la question de l'origine et du temps, comme dans un rêve, nourri du désir d'échapper à l'espace sauvage et silencieux des forêts où j'ai grandi, là où rien n'arrive que le temps. Je demandais alors aux mots, aux images, aux rêves de me fournir en aventures plus ou moins métaphysiques qui tournaient toutes autour de l'idée d'une connaissance qui rende la mort impossible. Cela a donné des romans dont personne ne me demandait si c'était autobiographique, si c'était de l'autofiction, car j'ai beau avoir du souffle et être un lointain descendant de Jacques Cartier, je n'ai jamais pu tenir plus de trente secondes sous l'eau, ni même penser une seconde pouvoir traverser l'océan sur un radeau, comme mon héros de *L'Ombre et le Double*. Et tous les lecteurs d'applaudir l'imagination, l'originalité, le style du jeune auteur qui inventait ainsi tout un monde plutôt que de se regarder le nombril, comme on le reproche aujourd'hui aux écrivains qui ne s'éloignent pas trop de leur vie. Un jour, je raconte tout simplement la mort de mon père, je n'invente rien, tout mon travail de romancier consiste alors à trouver la distance qui me permette de mieux voir, de découvrir ce que j'avais vécu, comme si la mémoire et les mots étaient une sorte de loupe qui faisait apparaître ce qui était caché dans les événements, non pas tant par l'analyse de ces derniers que par leur immersion dans ce temps propre au récit qui situe n'importe quelle histoire dans le temps retrouvé dont parle Proust, le temps pur, celui qui passe et ne passe pas. À ma grande surprise, tous les lecteurs ou presque, amis ou étrangers, me disent la même chose : « Ce que tu as écrit là, j'aurais pu l'écrire. » Beau paradoxe : ce que j'avais écrit de plus personnel, tout le monde aurait pu l'écrire ; ce que j'avais vécu, tout le monde l'avait vécu ou aurait pu le vivre. Personne n'aurait pu égaler l'imagination et le style de mes deux premiers romans qui procédaient du besoin d'inventer le réel plutôt que de le découvrir ou de le retrouver, comme c'est souvent le cas lorsque le réel manque à tous ceux qui sont encore trop jeunes ou qui vivent dans le confort et l'indifférence. Comme l'écrivait un ami de Virginia Woolf dont j'oublie le nom, « on ne peut pas écrire sur les riches, car ils ont perdu leur instinct ». On pourrait aussi dire que les riches ou les gens qui vivent comme les riches, à l'abri du réel, ne peuvent pour écrire qu'inventer le réel ou l'emprunter à d'autres. Mais qu'il invente sa vie ou la retrouve, qu'il imagine le réel ou le décrive, l'écrivain véritable est toujours celui qui, par l'imagination ou le souvenir, le rêve ou l'observation, débouche sur la connaissance du réel, quelqu'un qui raconte sa vie comme si c'était la vie de quelqu'un d'autre et celle de quelqu'un d'autre comme si c'était la sienne.

Le romanesque a présentement le vent dans les voiles, et la critique, qui le plus souvent est à la remorque des modes, associe désormais la fiction à cette possibilité de voyager dans le temps ou l'espace, de raconter des histoires qui nous font expérimenter d'autres existences. Je n'ai rien contre le romanesque si le romanesque réussit à nous faire découvrir ou redécouvrir « un esprit ordinaire, au cours d'une journée ordinaire[17] », comme le souhaitait Woolf. C'est ce que fait, par exemple, Dominique Fortier dans *Les Larmes de saint Laurent* : après avoir raconté l'histoire du seul survivant d'une éruption volcanique au Mexique en 1902, et l'histoire d'un mathématicien et d'une musicienne qui à la même époque tentent de percer les secrets de la terre et du feu, elle accompagne une jeune femme qui promène des chiens sur le mont Royal. Après ce long détour par le romanesque, voici ce que le roman fait de mieux, à mon avis, quand il renonce à son désir d'évasion, à tous les artifices, à sa volonté toute puissante de créer des mondes, pour examiner « un moment un esprit ordinaire, au cours d'un jour ordinaire ». Que se passerait-t-il, se demande Woolf, « si l'écrivain pouvait fonder son ouvrage sur son propre sentiment et non sur la convention ? Il n'y aurait ni intrigue ni comédie ni tragédie ni histoire d'amour

---

17. Virginia Woolf, *L'Art du roman*, Paris, Éditions du Seuil, 1963, p. 15.

ni catastrophe au sens convenu de ces mots », il n'y aurait plus que « la vie [qui] est un halo lumineux, une enveloppe semi-transparente qui nous entoure du commencement à la fin de notre être conscient[18] », il n'y aurait plus « que l'esprit qui nous fait vivre, la vie elle-même[19] ».

Bien sûr, il n'est pas question d'interdire quoi que ce soit à la littérature, de lui assigner telle ou telle voie, car il arrive qu'un être ordinaire soit jeté en dehors des jours ordinaires. La littérature ne peut ignorer les catastrophes naturelles ou humaines, collectives ou individuelles, que sont, par exemple, les tremblements de terre, les génocides, la mort d'un enfant, la perte d'un ami. La littérature ne doit pas se détourner de telles épreuves, car « l'esprit qui nous fait vivre » nous est révélé parfois encore plus fortement quand la vie nous manque, quand l'esprit qui nous permet de vivre s'obscurcit ou se retourne contre lui-même. Mais même alors, même dans ces périodes exceptionnelles, la littérature s'efforce en un sens de faire rentrer l'histoire dans le quotidien, de ramener les êtres et l'esprit dans l'ordinaire. La littérature combat tout ce qui est extraordinaire, accidentel, violent, tout qui existe dans la nature et dans l'homme et qui accentue le mouvement discontinu de la vie. La littérature oppose à cette vérité la vérité contraire de la durée, elle nourrit cet autre mouvement silencieux, monotone de la vie qui se déverse dans la vie, elle collabore à cette tâche modeste dont s'acquittent les hommes, les plantes, les animaux, qui est de prendre soin de la vie, de veiller à ce qu'il n'y ait pas trop de trous dans la vieille étoffe du temps. Suivons l'image : la littérature file, tisse, raccom-mode l'humain, comme tous ces êtres dans les camps de concentration qui trouvaient leur joie et leur salut, trouvaient leur salut dans la joie d'accomplir les tâches immémoriales : parler, recoudre un bouton, cirer leurs souliers. Oui, il faut

---

18. *Ibid.*

19. *Ibid.*, p. 65.

raconter l'horreur des camps nazis, mais il faut surtout raconter ce qui l'a vaincue. Dans *L'Écriture ou la vie*, Semprun décrit ce lieu merveilleux que sont les latrines, là où la culture combat la barbarie :

> Mais dès le soir, dès l'appel du soir terminé et jusqu'au couvre-feu, les latrines devenaient, outre lieux d'aisance, ce qui était leur destination primitive, marché d'illusions et d'espérances, souk où échanger les objets les plus hétéroclites contre une tranche de pain noir, quelques mégots de machorka, agora enfin où échanger des paroles, menue monnaie d'un discours de fraternité, de résistance[20].

La littérature se méfie du romanesque et des héros, elle est ou devrait toujours être du côté de la vie et non du pouvoir, qui est toujours négation de la vie. La littérature doit résister à tous les pouvoirs, y compris à son propre pouvoir de se substituer à la vie, que ce soit en temps de paix ou de guerre, dans les latrines ou les salles de cours. Comme dit Camus, « l'écrivain par définition ne peut se mettre aujourd'hui au service de ceux qui font l'histoire : il est au service de ceux qui la subissent[21] ». On connaît les dérives célèbres de certains écrivains engagés (Sartre, Aragon, etc.) qui se sont égarés pour avoir oublié cette règle très simple énoncée par Camus, à savoir que la littérature doit écouter ceux qui ne parlent pas plutôt que de parler pour eux, qu'elle ne doit pas chercher à faire l'histoire, à imposer telle ou telle vision, si généreuse soit-elle, de la société à un moment précis de l'histoire, mais plutôt travailler à défendre la singularité de chaque être humain qui paradoxalement fonde son universalité, à protéger la petite place que chacun occupe dans l'univers et vers laquelle l'uni-

---

20. Jorge Semprun, *L'Écriture ou la vie,* Paris, Gallimard, coll. « Folio », 1996, p. 58.

21. Camus, *Discours de Suède,* p. 14.

vers converge. La tâche de l'écrivain, c'est de résister à la tentation de réduire l'être humain à ceci ou cela, à sa race ou son pays, à son corps ou son esprit, à sa raison ou ses rêves, car un être humain est « une chose et pourtant aucune chose, un petit point et un cercle[22] ». L'écrivain doit combattre ce que Denis de Rougemont appelle « le péché abstracteur[23] » qui fragmente l'être, dissocie les forces et les vérités contraires, car l'être et la vie jaillissent de « la conjonction des contraires », comme nous le rappelle Jean-Pierre Issenhuth, qui l'a appris aussi bien de Jean-Sébastien Bach que de la physique contemporaine :

> L'appel des contraires ou d'éléments éloignés me rappelle que la mécanique inspirée est la cime, et que je ne peux faire mieux que la désirer. La mécanique est inspirée quand l'appel de contraires ou d'éléments éloignés n'a pas pour résultat un ensemble vide. La réussite est l'intersection, le résidu de la rencontre de deux vérités profondes[24].

Mais pour que cela se produise, il faut admettre, avec Bohr, que « le contraire d'une vérité profonde peut être une autre vérité profonde[25] ». La vie, l'art, tire son existence et sa force de la tension des contraires auxquels nous sommes soumis et qui font de nous des êtres vivants et mortels, finis et infinis. Quand nous prenons conscience du temps et du lieu où nous sommes, quand nous prenons conscience non seulement que nous sommes, mais de l'espace et du temps qui nous constituent, sans quoi nous ne serions pas, nous sommes à la fois ici et ailleurs, tirés en arrière par tous les moi que nous

---

22. Angelus Silesius, cité par Issenhuth dans *Chemins de sable,* Montréal, Fides, 2010, p. 79.

23. Rougemont, *Penser avec les mains,* p. 217.

24. Issenhuth, *Chemins de sable,* p. 61.

25. *Ibid.*

avons été, par tous les siècles dont nous sommes l'aboutissement et projetés dans cet autre temps qu'on appelle l'éternité dont l'amour, la foi et l'art ont l'intuition. Quiconque tranche entre ces deux vérités — nous mourons et nous ne mourons pas —, quiconque se fige dans une seule de ces vérités s'éloigne de l'art et de l'humain, de l'art d'être humain, art de construire des ponts entre ce que nous savons et ne savons pas, entre ce que nous sommes et ce que nous ne sommes pas encore. Nous sommes des variations de l'être. Quand Jean-Pierre Issenhuth décrit les variations musicales, c'est de nous qu'il parle : « Les variations sont des conjugaisons et des déclinaisons. Elles procèdent sans cesse à la conjonction des différences et des contraires : la variété et la répétition, la continuité et la rupture, la succession logique et la surprise, l'invention et l'imitation, l'innovation et l'héritage[26]. » S'éloigner de ces variations que nous sommes, c'est hélas ce que nous faisons le plus souvent, ce qui fait dire à Denis de Rougemont que « nous ne sommes que par instants vraiment humains ». Pour être humains, « nous avons à reconquérir sans cesse le propre, le concret, l'original de notre vie[27] », et en même temps nous devons nous ouvrir à ce qui n'est pas nous, nous dépasse, par cette sorte d'attention ou de disponibilité au monde et aux autres qui crée ces instants où les hommes « s'efforcent d'atteindre cette identité avec eux-mêmes qui […] naît de l'identification avec l'être[28] ».

La littérature nous aide à reconquérir notre humanité, elle est, comme Ann Taylor, « le contraste, chaque fois que nous avons besoin d'un contraste », chaque fois que nous avons besoin d'être jetés en dehors de nous, élargis par quelque chose de plus vaste que nous et que pourtant nous sommes. La littérature travaille à la reconquête de l'humanité,

---

26. *Ibid.*, p. 37.

27. Rougemont, *Penser avec les mains*, p. 217.

28. Broch, *Création littéraire et connaissance*, p. 172.

chaque fois qu'à l'instar de l'enfant elle nous « rappelle au désordre[29] », comme l'écrit Vadeboncoeur, chaque fois que la raison s'évanouit et s'accomplit dans la conscience. La littérature n'est pas au-delà du bien et du mal, elle n'est pas du côté des surhommes et des héros, elle est du côté de tous ces gens ordinaires, sans histoire, qui refusent de se soumettre à la raison du plus fort, à la logique du pouvoir, qui préfèrent mourir plutôt que de manquer à cette loi morale qui place au-dessus de tous les besoins, y compris celui de manger, le devoir de ne pas pactiser avec ce qui détruit l'humain, ce qui divise les êtres entre eux et l'être contre lui-même. La littérature n'est pas du côté des héros ou des antihéros, elle est du côté des saints. Qu'est-ce qu'un saint ? C'est quelqu'un d'ordinaire qui refuse de se laisser déporter dans l'extraordinaire, qui reste fidèle, selon l'expression de Woolf, à « la vie elle-même », à « l'esprit qui nous fait vivre ». Voici Jacques, le saint que Robert Antelme a rencontré dans un camp nazi :

> Jacques, qui est arrêté depuis 1940 et dont le corps se pourrit de furoncles, et qui n'a jamais dit et ne dira jamais « j'en ai marre », et qui sait que s'il ne se démerde pas pour manger un peu plus, il va mourir avant la fin et qui marche déjà comme un fantôme d'os et qui effraie même les copains (parce qu'ils voient l'image de ce qu'on sera bientôt) et qui n'a jamais voulu et ne voudra jamais faire le moindre trafic avec un kapo pour bouffer, et que les kapos et les toubibs haïront de plus en plus parce qu'il est de plus en plus maigre et que son sang pourrit, Jacques est ce que dans la religion on appelle un saint[30].

---

29. Vadeboncoeur, *Un amour libre*, p. 25.

30. Robert Antelme, *L'Espèce humaine*, Paris, Gallimard, coll. « Tel », 1957, p. 98.

La défaite du nazisme, la défaite de tous les régimes totalitaires, qu'ils soient communistes, fascistes ou capitalistes, la défaite de toutes les tentatives de réduire l'homme à ses besoins et désirs essentiels (manger, parler, dormir) ou superflus (se gaver, se divertir, s'exhiber) ne vient finalement jamais de la force mais de cet homme ordinaire, quelconque, ce Jacques qui choisit l'humain plutôt que l'espèce humaine, qui choisit d'être fidèle à ce qui fonde son humanité plutôt que de survivre. Cet homme, dit Antelme, dont « personne n'avait jamais pensé, chez lui, qu'il pouvait être un saint », a reconquis son humanité, a sauvé l'humanité en refusant de manger dans la main de ceux qui tuent, de se plier à ceux qui dissocient la vie de l'esprit qui fait vivre. Jacques aurait été tout étonné s'il on lui avait dit qu'il sauvait ainsi l'humanité, et pourtant c'est bien ce qu'il fait en affirmant par ses gestes que la vie est indissociable de la conscience, de ce sentiment qu'a l'homme d'être non seulement une partie du tout mais d'être responsable de ce tout, vérité évangélique que redécouvre à sa façon la conscience écologique. Le saint sait qu'il est plus grave de se soumettre aux forces qui divisent que de se laisser mourir, car aucune vie d'homme, aucune vie proprement humaine n'est possible si la partie s'exclut du tout dont elle reçoit forme et vie. C'est pourquoi Antelme peut affirmer que Jacques, « cet homme pourri, jaunâtre […] ce déchet, ce rebut », est devenu « l'homme le plus achevé, le plus sûr de ses pouvoirs, des ressources de sa conscience et de la portée de ses actes, le plus fort[31] ». En s'adressant aux bourreaux, Antelme conclut :

> Comprenez bien ceci : vous avez fait en sorte que la raison se transforme en conscience. Vous avez refait l'unité de l'homme. Vous avez fabriqué la conscience irréductible. Vous ne pouvez plus espérer jamais arriver à faire que nous soyons

---

31. *Ibid.*, p. 99.

à la fois à votre place et dans notre peau, nous condamnant. Jamais personne ici ne deviendra à soi-même son propre SS[32].

Jacques, le saint, a refusé d'être à soi-même son propre SS, il a continué d'être un humain jusque dans la mort, en choisissant jusqu'à la fin d'être en accord avec sa conscience, avec cette « conscience irréductible » de « l'unité de l'être », de l'unité de la vie reçue et donnée en vertu de laquelle l'homme perçoit une égalité ontologique entre tout ce qui est, entre toutes les parties qui participent à l'œuvre commune de l'univers. Ce n'est pas par hasard si Jacques est devenu un saint, ou a manifesté sa sainteté de façon plus éclatante, en perdant tout ce qu'il avait, tout ce qui peut-être l'élevait au-dessus des êtres démunis (la santé, une famille, un métier), en se décomposant, en retournant presque littéralement à l'état de matière organique. Le saint est celui qui, sans cesser d'être conscient, entre pour ainsi dire de plain-pied dans l'être, celui qui s'est dépouillé de tout superflu et de tout désir de puissance, celui qui a si bien maigri qu'il peut passer par « le chas de l'aiguille » et entrer au royaume de l'être, là où la différence entre le fort et le faible, le riche et le pauvre, l'homme et le ver de terre, est insignifiante :

> Le désir de n'être rien, de ne devenir rien dans le monde, rien dans la société, est une ambition comme une autre. Il a pris pour moi la forme d'être un ver et de disparaître.
> Je suis un ver, non un homme. Disant cela, contrairement à ce qu'on pourrait penser, je ne me déteste pas, ni ne me juge avec mépris ou une modestie déplacée. Je suis heureux de me trouver une ressemblance avec des frères estimés. Par rapport à l'univers, ne suis-je pas plus insignifiant qu'un ver ne l'est par rapport à moi ? Aux dernières nouvelles, les vers n'ont pas beaucoup moins de gènes que moi[33].

---

32. *Ibid.,* p. 100.

33. Issenhuth, *Chemins de sable,* p. 157.

C'est cette même attitude qui amènera Etty Hillesum jusqu'à s'interdire la haine de ses bourreaux nazis, car « nous avons tant à changer en nous-mêmes que nous ne devrions même pas nous préoccuper de haïr ceux que nous appelons nos ennemis[34] ». Ce dépouillement, cet esprit de pauvreté, cette réduction à la conscience irréductible de l'unité est précisément ce qui fonde l'humain, ce qui élargit l'homme jusqu'à ce qu'il puisse embrasser les contraires, dans lesquels il ne peut que se reconnaître, entre lesquels il ne peut plus choisir. Il ne peut plus choisir non plus entre la pensée et l'action, car penser et agir sont deux façons de s'insérer dans l'être et qui sont vouées à l'échec dès qu'on les dissocie. Toute pensée qui n'enracine pas l'homme dans l'univers, tout acte qui ne s'enracine pas dans cette pensée, rejette tôt ou tard l'homme en dehors de son unité, dans la violence destructrice de qui ne peut supporter l'étrangeté ou l'immensité de l'être dont il se croit séparé, qu'il s'agisse de l'infini pascalien des grands espaces ou des vers de terre d'Issenhuth. Au contraire, l'homme qui s'est ouvert à ce qui semblait le menacer ou l'exclure découvre que le sort du monde est entre ses mains, qu'il doit se mettre au service de l'immense *work in progress* qu'est la vie en lui et autour de lui : « Notre unique obligation morale, c'est de défricher en nous-mêmes de vastes clairières de paix et de les étendre de proche en proche, jusqu'à ce que cette paix irradie vers les autres[35]. »

Que des gens cultivés soutiennent aujourd'hui qu'il faut choisir entre sauver l'homme ou la planète, entre la lucidité et la solidarité, entre la création de la richesse et la justice sociale, montre bien qu'il est temps de redéfinir ce qu'est la culture, que ce qui nous manque, ce ne sont pas des savants, des gens qui connaissent très bien telle ou telle partie de la réalité, mais

---

34. Etty Hillesum, *Une vie bouleversée,* Paris, Éditions du Seuil, coll. « Points », 1995, p. 217-218.

35. *Ibid.,* p. 227.

des gens ordinaires, des âmes ouvertes, des saints, bref des gens dont la bonté déjoue tous les calculs, qui éprouvent, dans leur chair et leur âme, sans même pouvoir le formuler, ce que nous ne voyons plus, ce que nous ne sentons plus, à savoir la souffrance d'être divisé, isolé, privé de sens, privé du bonheur que même Sisyphe éprouve, car « la lutte elle-même vers les sommets suffit à remplir un cœur d'homme[36] ». Le monde a besoin de gens simples ou savants qui ont de temps à autre l'intuition que la vie, que l'univers est une création continue, en regardant la nature passer d'une saison à une autre, un enfant jouer sous le regard de ses parents, un élève penché sur ses cahiers, ou un ami qui en mourant, sans un mot, nous confie le monde qu'il quitte et nous entraîne un peu avec lui dans celui où il disparaît.

Pendant la Deuxième Guerre mondiale, Bernanos écrivait que le monde a besoin de saints. Je crois moi aussi que ce sont tous les saints anonymes, comme celui d'Antelme, qui ont vaincu le nazisme, bien avant que les forces alliées n'envahissent l'Allemagne. De toute façon, les armées arrivent toujours trop tôt ou trop tard. Pendant cette même guerre, Bernanos répondait à quelqu'un qui lui demandait pourquoi il avait cessé d'écrire des romans : « Les livres sont les livres, et il en est d'eux comme des hommes. Ils peuvent bien se faire tuer à la guerre[37]. » J'aime cette réponse, qui rappelle le mot d'Adorno (on ne peut plus écrire de poèmes après Auschwitz), qui loin de discréditer la littérature lui confère toute sa gravité, la considère comme quelque chose de réel, quelque chose qui participe au réel : pour pouvoir écrire des livres qui comptent, pour que la littérature ne soit pas une désertion, il est nécessaire parfois de ne plus en écrire ou d'écrire ce qui

---

36. Albert Camus, *Le Mythe de Sisyphe*, Paris, Gallimard, coll. « Folio », 1985, p. 168.

37. Georges Bernanos, *Français, si vous saviez*, dans *Essais et écrits de combat*, Paris, Gallimard, coll. « Bibliothèque de la Pléiade », t. II, 1996, p. 1193.

n'est plus de la littérature, de faire autre chose qui obéisse à cette conscience irréductible de l'unité de l'homme qui fait passer au-dessus des désirs et besoins individuels le bien de tous. On raconte que Joyce s'inquiétait de ce que le déclenchement de la guerre allait retarder la publication française de son *Ulysse*. Si l'anecdote est vraie, elle dit bien la grandeur et la misère de la littérature, la misère même des grands écrivains quand ils dissocient la littérature du « devoir terrestre, devoir de secourir, devoir d'éveiller[38] ». Bernanos ne pouvant plus écrire de romans, c'est un peu Jacques refusant de collaborer avec les kapos pour sauver sa peau, non pas que les romans soient nécessairement une forme de collaboration avec ce qui détruit l'humain, mais parce qu'ils doivent parfois, par fidélité à la vérité qu'ils poursuivent, se subordonner à d'autres tâches :

> Pendant plus de vingt ans d'une histoire démentielle, écrit Camus, perdu sans secours, comme tous les hommes de mon âge, dans les convulsions du temps, j'ai été soutenu ainsi par le sentiment obscur qu'écrire était aujourd'hui un honneur, parce que cet acte obligeait, et obligeait à ne pas écrire seulement. Il m'obligeait particulièrement à porter, tel que j'étais et selon mes forces, avec tous ceux qui vivaient la même histoire, le malheur et l'espérance que nous partagions[39].

La littérature n'a de valeur que si l'auteur en paie le prix, que s'il peut, comme l'enseignant, « s'affirmer en tant qu'il est *auctor*, garant, de ce qu'il avance[40] ». Évidemment cette notion de l'autorité morale de l'écrivain est disparue avec la mort de l'auteur dans les années 1970. Tout se tient : plus d'auteur, plus personne pour être garant de l'œuvre, qui est d'ailleurs

---

38. Broch, *La Mort de Virgile*, p. 125.

39. Camus, *Discours de Suède*, p. 15-16.

40. Sallenave, *À quoi sert la littérature ?*, p. 28.

elle-même devenue du texte qui engendre du texte. Qui aujourd'hui oserait encore affirmer qu'il y a un lien nécessaire entre l'œuvre et la vie ? Quelques marginaux, comme Jean-Pierre Issenhuth : « J'aime qu'un texte fasse ce qu'il dit, ou dise ce qu'il fait, applique ce qu'il suggère, donne l'exemple ou la représentation de ce qu'il annonce[41]. » Mais pourquoi le texte a-t-il besoin de se relier ainsi à la vie de l'auteur pour avoir quelque valeur ? La réponse, Issenhuth la trouve, entre autres, dans la *Correspondance* de Varlam Chalamov avec Soljenitsyne et Mandelstam. Chalamov dit qu'« écrire n'est pas un acte, ni une vie, et le fait d'écrire ne dispense aucune vie de la réussite d'aucun acte[42] ». Autrement dit, écrire est une chose sans substance qui condamne l'écrivain à une vie fantomatique, à moins que l'auteur agisse aussi en dehors de la littérature, pose des actes qui donnent à la littérature un peu de vie, de vérité. On est loin de l'art pour l'art, de l'autonomie de l'œuvre, de l'esthétique qui pour s'être déconnectée de l'éthique est devenue la religion des sceptiques ou des irresponsables.

Pourquoi ce grand détour par la Shoah, la guerre ? Pourquoi essayer de définir la littérature par ce qui risque de la tuer, pourquoi chercher sa vérité en la plongeant dans « les convulsions du temps » ? Pourquoi dramatiser ainsi les enjeux de la littérature, en faire une question de vie et de mort de l'humanité, de l'humain ? La réponse est aussi banale qu'irréfutable : nous, les humains, sommes ainsi faits que nous ne voyons et n'aimons bien que ce que nous avons perdu, comme nous l'enseigne l'expérience du deuil ou de la mélancolie. Le trésor luit, hélas, le plus souvent au fond de la mémoire ou au cœur de la privation. Qui n'a pas découvert ou regretté l'amour après l'avoir refusé, qui ne donnerait tout à l'instant de mourir pour un instant de sa vie jugée insupportable ? Quand les

---

41. Issenhuth, *Chemins de sable*, p. 97.

42. *Ibid.*

êtres que nous aimons nous apportent plus de soucis que de bonheur, imaginons un instant qu'ils nous soient enlevés. C'est alors qu'une voix nous rappelle notre bonheur. Cette voix, c'est celle de Victor Hugo qui, après la mort de sa fille Léopoldine, écrit qu'« il aurait donné toute sa vie pour n'avoir été qu'un homme qui passe tenant son enfant par la main ». Ces mots d'un père inconsolable résonnent au cœur d'un autre père devenu écrivain pour sauver de l'oubli sa fille de trois ans qui vient de mourir, et ne pas oublier ce que cette mort vient de lui révéler : « Il est temps d'apprendre le temps. Nous savons qu'il nous en reste si peu. Le temps immobile de l'été, l'heure arrêtée de midi[43]… » La littérature sert à cela, à nous faire vivre un peu, davantage ou mieux, avant de mourir et malgré la mort. La littérature, c'est la vie qui se nourrit de la mort, qui tire de la mort vécue ou anticipée sa profondeur et sa force, en reliant les morts et les vivants, la peine et la joie, le désespoir et l'espérance.

Quand s'est éveillé en moi le désir d'écrire, je me disais qu'écrire me serait sans doute impossible parce que j'avais eu la chance de naître en temps de paix, porté par le bonheur invisible des jours ordinaires, protégé des grandes révélations dont les grandes épreuves sont l'occasion. L'histoire littéraire m'enseignait que la prison avait sauvé l'un de la superficialité, que la pauvreté en avait sauvé un autre de la vie de château, que l'exil et le deuil, le bagne et les catastrophes avaient accouché des plus célèbres. J'aurais pu dire alors, comme Poil de Carotte, le célèbre personnage de Jules Renard : « Tout le monde ne peut pas être orphelin ! » Il m'a fallu un certain temps pour me réconcilier avec mon bonheur, que j'ai quand même réussi à massacrer un peu, tant il est vrai que sans la collaboration de l'histoire l'homme peut très bien faire lui-même son propre malheur. Il m'a fallu du temps pour comprendre que la tâche de la littérature était d'empêcher l'his-

---

43. Forest, *L'Enfant éternel*, p. 159.

toire de venir brouiller le temps, de veiller à ce que la vie ne sorte pas de l'ordinaire, de travailler à ce que Handke appelle l'« épopée de la paix ». « Auschwitz a été ma véritable université, écrit Levi. Il me semble que j'y ai appris les choses qui font l'existence des hommes[44]. »

Quelles sont ces « choses qui font l'existence des hommes », ces choses que les prisonniers continuent de faire pour vivre, « pour sauver l'ossature, dit Levi, la charpente, la forme de la civilisation[45] » ? Comme le saint décrit par Antelme, les prisonniers de Levi sauvent la civilisation en « refusant leur consentement » : « Nous sommes des esclaves, certes, privés de tout, en butte à toutes les humiliations, voués à une mort presque certaine, mais il nous reste encore une ressource et nous devons la défendre avec acharnement parce que c'est la dernière : refuser notre consentement. » Et comment va s'exprimer, s'accomplir ce refus ? La réponse de Levi rejoint celle de Semprun : par les gestes ordinaires d'un homme ordinaire en temps de paix.

> Aussi est-ce pour nous un devoir envers nous-mêmes que de nous laver le visage sans savon, dans de l'eau sale, et de nous essuyer avec notre veste. Un devoir, de cirer nos souliers, non certes parce que c'est écrit dans le règlement, mais par dignité et par propriété. Un devoir enfin de nous tenir droits et de ne pas traîner nos sabots, non pas pour rendre hommage à la discipline prussienne, mais pour rester vivants, pour ne pas commencer à mourir[46].

La question que tout écrivain, que tout professeur de littérature devrait se poser est la suivante : est-il possible de sau-

---

44. Primo Levi, dans Ferdinando Camon, *Conversations avec Primo Levi*, Paris, Gallimard, coll. « Arcades », 1991, p. 58.

45. Primo Levi, *Si c'est un homme*, Paris, Julliard, coll. « Pocket », 1987, p. 51.

46. *Ibid.*, p. 57-58.

ver la civilisation avant même qu'elle soit menacée, en posant des gestes ordinaires, comme ceux dont parle Levi ; est-il possible que le devoir de la littérature et de la lecture soit d'être fidèles à ces gestes qui ne font pourtant rien d'autre que de nous faire passer d'un instant à l'autre, de nous faire nous tenir droits dans le passage du temps, de nous inscrire dans la durée, la continuité du temps humain ? Est-il possible que ces gestes puissent enrayer la violence ? Oui, car toute violence naît de cette impossibilité d'établir une relation harmonieuse avec l'inconnu et le non-moi, toute violence s'enracine dans la peur de la mort. C'est pourquoi Bernanos écrit que « ce sont les gens qui ont peur de la mort qui se tuent[47] ». Quand j'ai lu le passage de Primo Levi sur « le devoir envers nous-mêmes », deux choses me sont venues à l'esprit, deux choses qui semblent insignifiantes comparées aux camps nazis : mon père dans ses chantiers, à deux cents kilomètres de toute civilisation, comme on disait, qui se faisait un devoir de se raser chaque matin, de porter une chemise propre, de ne pas sacrer, de croire à la parole donnée, même à celle d'un ivrogne, et un personnage de Virginia Woolf ou Virginia Woolf elle-même, je ne me souviens plus, qui dans une réception mondaine se force à parler, car « à un moment donné, il faut bien que quelqu'un prenne la parole, sinon c'est la fin de la civilisation ». Quel lien peut-on décemment établir entre ces scènes anodines et l'horreur vécue par Levi ? Passe encore, me direz-vous, de rapprocher un camp nazi d'un camp de bûcherons, mais, de grâce, pas d'un salon londonien ! Et pourtant, rappelez-vous à quoi servaient les latrines racontées par Semprun : à échanger « du pain noir, des mégots et des paroles » ! Bref, à rétablir le commerce humain interrompu par la guerre.

La guerre survient quand on cesse de poser les gestes qui assurent la dignité humaine, quand cessent le commerce

---

47. Georges Bernanos, *Le Journal d'un curé de campagne*, Paris, Plon, 1936, p. 193.

humain, l'échange, la conversation. Pourquoi des gens ordinaires, comme Jacques, se révèlent-ils des saints, cette sorte de héros qui prêtent aux gestes ordinaires le pouvoir de les sauver et qui refusent de se sauver seuls ? Parce qu'ils découvrent que la pire souffrance, celle qui peut même leur faire perdre leur humanité, c'est la solitude, la difficulté ou l'impossibilité de reconnaître dans l'autre un autre humain parce qu'il parle une autre langue, est devenu quelque chose de rebutant et qu'il faut se battre pour le dernier morceau de pain. Primo Levi le dit sans hésiter : « Entre ces malheureux il n'y avait pas de solidarité ; et ce manque était le premier traumatisme, et le plus fort[48]. » L'idée d'humanité surgit dans les camps, là où l'humanité manque, là où la solitude est extrême. Les prisonniers des camps sont emprisonnés en eux-mêmes, « ils souffrent, dit Levi, et avancent dans une solitude intérieure absolue, et c'est encore en solitaires qu'ils meurent ou disparaissent, sans laisser de trace dans la mémoire de personne[49] ». Tout ce qui brise cette solitude leur redonne leur humanité, car ce qui refait l'unité de l'homme, c'est de se sentir lié aux autres vivants et même aux morts par quelque chose que nous n'arrivons pas à nommer, le sentiment que tout cela a un sens même s'il nous échappe, et qu'en tout cas notre devoir est d'entretenir en nous ce que Levi appelle l'« étincelle divine » qui lorsqu'elle s'éteint nous transforme en « non-hommes[50] » et nous condamne, même si nous échappons à la mort, à mener « la même existence glacée de dominateur résolu et sans joie[51] ». Cette « étincelle divine » qui habite tous les hommes, qu'ils soient croyants ou non, cette « hypothèse de l'âme » qui, selon Broch, permet de surmonter l'angoisse universelle, cette idée ou ce sentiment, écrit Césaire, que

---

48. Camon, *Conversations avec Primo Levi*, p. 27.

49. Levi, *Si c'est un homme*, p. 137.

50. *Ibid.*, p. 138.

51. *Ibid.*, p. 146.

« l'homme n'est pas seulement homme, [que] l'homme est univers[52] », nous sont aussi nécessaires en temps de paix que de guerre, sauf que nous n'en sommes pas conscients, de la même façon qu'aussi longtemps qu'aucune drogue n'a déréglé notre cerveau, dit Michaux, nous ne savons pas que notre pensée est un miracle, que « tranquillement les phrases vont par-dessus des abîmes de vitesse[53] ».

La tâche de la littérature, c'est de sauver le monde en temps de paix en le racontant, mais il est impossible de raconter sans être attentif à ce qui nous relie aux choses, impossible de percevoir sans être soi-même en mouvement, impossible de penser sans voir et de voir sans être sensible à la lumière qui est la mémoire de la terre. La tâche de tout être humain ?

> Marchez si lentement que le monde vous appartienne à nouveau, si lentement qu'on voie bien comment il ne vous appartient *pas*. […] la lenteur est le secret, et la terre est parfois très légère : quelque chose qui flotte, qui passe, une image sans pesanteur, un royaume du sens, une lumière en soi, accueillez en vous cette image pour continuer votre chemin : elle montre le chemin et sans l'image d'un chemin on ne peut pas continuer à *penser*[54].

Raconter le monde, c'est le parcourir pour y découvrir un chemin, dit Handke, « un dessin », dit Woolf. Tous les écrivains qui ne sont pas des amuseurs au service du pouvoir travaillent dans ce sens, travaillent à faire surgir un sens. La tâche de l'écrivain, qui est aussi son plaisir, dit Woolf, c'est de « rassembler les morceaux disjoints », « d'avoir l'impression de découvrir ce qui va ensemble, de bien monter une scène,

---

52. Aimé Césaire, « Poésie et connaissance », dans *Tropiques*, n° 12, janvier 1945, p. 162.

53. Michaux, *Les Grandes Épreuves de l'esprit*, p. 33.

54. Handke, *Par les villages*, p. 86.

de faire tenir debout un personnage. À partir de cela j'atteins à ce que j'appellerais une philosophie ; en tout cas, c'est une idée que je ne perds jamais de vue, que derrière la ouate se cache un dessin ; que nous — je veux dire tous les êtres humains — y sommes rattachés ; que le monde entier est une œuvre d'art ; que nous participons à l'œuvre d'art[55] ». La littérature respecte ce « contrat tacite » entre l'homme et le monde, et travaille à le rétablir quand il est rompu non seulement par les guerres mais aussi par les vies médiocres qui ont renoncé à chercher ce qui les relie au monde. Sallenave, après avoir décrit « ces existences que quelque défaut secret avait faussées dès le départ », en vient à la même conclusion que Woolf :

> Et c'était comme si un contrat tacite avait été rompu avec le monde, comme une forfaiture : car il y a en lui un éclat, une grandeur, une vérité qui ne se développent que si nous y participons par notre connaissance et notre action. Lorsque nul ne s'y emploie, le monde s'étiole et meurt. Il en va du monde comme de Dieu selon la Kabbale : faute d'être honoré par les hommes, il languit et s'éteint[56].

On ne peut mieux décrire le travail de l'écrivain, et aussi celui du professeur de littérature, qui est de relier la forme au fond. La littérature ne peut nous faire passer d'une vie mécanique, superficielle, inconsciente à une vie de créateur travaillant à l'élaboration de sa propre vie et du coup à celle du monde dans lequel il vit que si elle perçoit dans et derrière sa propre ouate esthétique le dessin métaphysique. Comme l'écrit Broch, « il est carrément ordonné à l'art de pratiquer la métaphysique. Sans la question : qu'est-ce que la réalité ? Pas

---

55. Woolf, *Instants de vie,* p. 78.

56. Danièle Sallenave, *Le Don des morts,* Paris, Gallimard, 1991, p. 56.

d'art authentique[57] ! ». Tout écrivain qui oublie la vocation métaphysique de la littérature, qui réduit la littérature à un seul de ses aspects (ludique, ironique, psychologique, social, etc.), se range du côté du pouvoir, qu'il le veuille ou non, qu'il en soit ou non conscient, car le pouvoir n'obéit qu'à une règle : diviser pour mieux régner. La littérature est du côté de la pensée, de la connaissance et non du savoir :

> Notre désir de savoir, qu'il soit né de nécessités pratiques, d'embarras théoriques ou de la simple curiosité, peut être satisfait lorsqu'est atteint le but recherché, tandis que notre soif de connaissance n'est peut-être pas étanchable en raison de l'immensité de l'inconnu et du fait que chaque domaine de la connaissance élargit les horizons du savoir[58].

Mais la littérature n'est pas pour autant de la philosophie, car son savoir, comme le dit Blanchot, est « un savoir qu'investit une immense ignorance[59] », un savoir incapable de dissocier l'universel du particulier, le fond de la forme, la fin du commencement, la partie du tout, le ciel de la terre, l'homme de l'univers. La littérature n'a qu'un combat, c'est de résister aux forces de la division :

> En revanche, dans les livres, c'en était fini de l'existence divisée. Un sens, une lumière s'y posaient. L'homme n'y était plus séparé des autres, ni de lui-même, ni séparé des morts, ni séparé d'une action juste dans le monde : mais uni à soi-même et aux autres dans le doute, l'inquiétude et la force de la pensée. Dans les livres — dans la littérature — tout était rassemblé, dont le manque creusait d'ennui les existences mutilées : le passé, les langues, le monde vaste, les hommes[60].

---

57. Broch, *Création littéraire et connaissance,* p. 57.

58. Arendt, *Considérations morales,* p. 31-32.

59. Blanchot, *L'Espace littéraire,* p. 254.

60. Sallenave, *Le Don des morts,* p. 56.

La littérature travaille à recoudre ce qui a été divisé avec ce fil mystérieux que Gabrielle Roy appelle « à l'intérieur de soi, cette autre vie dans sa vie[61] », « l'esprit qui nous fait vivre », dit Woolf, et qui est « la vie elle-même ». C'est la croyance en cette unité irréductible qui fait dire à Rilke : « Terre, n'est-ce pas ce que tu veux : invisible /en nous renaître[62] ? », et à Handke : « En présence de ce que tu vois, pense que cela t'a peut-être déjà sauvé[63]. » On peut objecter à cette vision de la littérature une autre vision qui mettrait l'accent sur ce qui divise et non sur ce qui réunit, sur la tension entre le moi et le non-moi, la fracture de l'homme et du monde plutôt que sur cette « harmonie préétablie, que l'on saisit intuitivement, dit Broch, qui existe entre le Moi et l'univers, entre le langage [...] et les choses qu'il décrit[64] ». On peut, bien sûr, avoir plus d'affinités avec la littérature qui ressent fortement l'absence d'unité qu'avec celle qui aspire à combler l'écart entre toutes les formes d'êtres. Comme l'écrit Issenhuth, « on peut cultiver la distinction entre les choses, et aussi bien le rapprochement entre elles — entre les objets, les temps, les lieux, les idées, les gens, etc. », on peut pencher « pour la conjonction plutôt que pour la disjonction[65] ». On peut se sentir plus près de Handke qui penche pour la conjonction que de Bernhard qui penche pour la disjonction, comme on peut préférer les professeurs de désespoir aux professeurs d'espérance. Nous entrons tout naturellement de plain-pied dans un monde plutôt que dans l'autre, mais notre travail, comme écrivain et professeur, c'est d'être capable de soutenir l'expérience des contraires, comme

61. Gabrielle Roy, *La Montagne secrète*, Montréal, Boréal, coll. « Boréal compact », 1994, p. 171.

62. Rainer Maria Rilke, *Les Élégies de Duino*, traduction de Joseph François Angelloz, Paris, Aubier, coll. « Bilingue », 1943, p. 95.

63. Handke, *L'Histoire du crayon*, p. 130.

64. Broch, *Création littéraire et connaissance*, p. 155.

65. Issenhuth, *Chemins de sable*, p. 118.

la littérature elle-même, qui ne peut pencher d'un côté sans être aussitôt tirée de l'autre côté, qui n'existe que dans la mesure où elle soutient, comme l'amour, ce paradoxe d'être ce qui rapproche sans abolir la distance. C'est pourquoi j'ai promis à Jean-Pierre Issenhuth d'essayer à nouveau de lire Thomas Bernhard ou Michel Houellebecq avec lesquels j'ai peu d'affinités.

Quand la littérature fait bien son travail, quelle que soit sa pente, il n'est plus possible d'opposer le réel et les livres, car la tension entre eux est précisément ce qui les fait vivre : le réel a besoin d'être dit pour exister au-delà de ses apparences et les livres ont besoin du réel pour ne pas être de simples chimères :

> Vivre comme on vit dans les livres : non pas une vie insouciante, dégagée des contingences et des nécessités mais, tout au contraire, vivre une vie nécessaire, une vie maîtrisée, pensée, arrachée au hasard, à la bêtise, à la mort, selon la logique de la réflexion et du rêve, selon l'héritage des morts. Penser, réfléchir, faire retour sur soi, associer au cours de sa vie les morts, les inconnus, et ceux qui ne sont pas encore nés ; mêler à sa vie la terre brute, les arbres, les saisons, la musique et la conversation[66].

Qu'importe ce que raconte un livre ou comment il le raconte pourvu qu'il soit, comme Ann Taylor, « le contraste chaque fois qu'on a besoin d'un contraste », chaque fois qu'on risque de mourir en se figeant dans une vérité, chaque fois qu'on risque de se détruire et de détruire le monde en refusant le mouvement qui nous éloigne et nous rapproche de ce que nous sommes. La littérature, par la voix de Saint-Denys Garneau, nous rappelle que nous sommes

> *La grande voix du vent*
> *Toute une voix confuse au loin*

---

66. Sallenave, *Le Don des morts,* p. 60-61.

Puis qui grandit en s'approchant
devient
Cette voix-ci cette voix-là
De cet arbre et de cet autre
Et continue et redevient
Une grande voix confuse au loin[67]

Qu'importe qu'Ann Taylor enseigne la littérature, la géographie ou la grammaire, puisque sa parole, sa présence ont le pouvoir d'ouvrir l'âme, d'y laisser entrer la lumière jusqu'à ce que « tous trouvent un sens à toutes choses », jusqu'à ce que la distraction et la violence s'évanouissent dans le sens et la lumière :

> La salle de classe sembla soudain s'inonder de lumière, comme si le toit avait reculé, et que les arbres s'étaient remplis de chants d'oiseaux. Bob Spaulding était assis avec, cachée dans sa main, une boulette qu'il venait de faire. Après avoir écouté pendant une demi-heure Miss Taylor, il laissa tomber la boulette par terre, tranquillement[68].

On ne sait pas ce que Ann Taylor a dit pendant ces trente minutes, et Bob Spaulding l'a probablement oublié, tout comme on oublie souvent ce qu'il y avait dans un livre qui nous a marqués, car un bon cours et un bon livre se confondent avec ce qu'ils nous révèlent. La leçon d'Ann Taylor, son secret, c'est qu'elle disparaît dans la lumière qu'elle fait apparaître.

---

67. Saint-Denys Garneau, *Poésies complètes,* Montréal, Fides, coll. « Nénuphar », 1949, p. 118.

68. Bradbury, « Une histoire d'amour », p. 50.

Table des matières

CRÉDITS ET REMERCIEMENTS

Les Éditions du Boréal reconnaissent l'aide financière du gouvernement
du Canada par l'entremise du Fonds du livre du Canada (FLC)
pour leurs activités d'édition et remercient le Conseil des arts du Canada
pour son soutien financier.

Les Éditions du Boréal sont inscrites au Programme d'aide aux entreprises
du livre et de l'édition spécialisée de la SODEC et bénéficient du programme
de crédit d'impôt pour l'édition de livres du gouvernement du Québec.

Ce livre a été imprimé sur du papier 50 % de fibres recyclées postconsommation et 50 % de fibres certifiées FSC, certifié ÉcoLogo et fabriqué dans une usine fonctionnant au biogaz.

FSC
MIXTE
Papier
FSC® C100212

MISE EN PAGES ET TYPOGRAPHIE :
LES ÉDITIONS DU BORÉAL

CE TROISIÈME TIRAGE A ÉTÉ ACHEVÉ D'IMPRIMER EN MARS 2014
SUR LES PRESSES DE L'IMPRIMERIE GAUVIN
À GATINEAU (QUÉBEC).